HANS-JÜRGEN HEINRICHS
FREMDHEIT

Geschichten und Geschichte der
großen Aufgabe unserer Gegenwart

Mit größtenteils unveröffentlichten Bildern von
Anselm Kiefer, Ulrike Ottinger, Rebecca Horn
Gregor Cürten, Günter Schulte
und Fritz Morgenthaler

Verlag Antje Kunstmann

*Geschichte(n) der Fremdheit erzählend,
das Verstehen im Blick*

INHALT

Wer erzählt	9
Fremdheit als offenes Terrain von Wahlmöglichkeiten	11
Fremdheit und Vertrautheit	15
Die vielen Gesichter der Fremdheit	21
Von der Bedeutung der Perspektivenvielfalt	31
Der Fremde als Konturenbildner und Annäherungen an einen veränderten Blick	43
Fremdheit als Hindernis und als Brücke	55
In den Gedanken und Gefühlen der anderen spazieren gehen	79
Von der Schwierigkeit im Umgang mit fremden Ritualen	91
»Fremde«, »Flüchtlinge«, »Terroristen«	97
Angst-Überflutungen	103
Abgrenzung, Vorurteil, Hass	113
»Normal«, die Grenze des Vorstellbaren und die Travestie	121
Atmosphärische und kulturvergleichende Annäherungen an das Bild vom Fremden	129
Von Fremdheit erzählen – aber auf welche Weise?	137
Ästhetiken des Diversen oder: Wer spricht, wer schreibt, wer fotografiert, wer filmt?	145
Erzählung aus Stimmen	159
Aufbruch in die Fremde aus Not, in poetischer Überhöhung und im Wunsch nach Teilhabe	165

Universell fremd?	179
Befremden und Entmenschlichen	185
Unfassbare Fremdheit	189
Fremdheit, Liebe, Tötungsphantasien, Film	199
Fremdheit, Kultur, Natur	204
Fremdheit erfahrbar gemacht in den Bildern von Anselm Kiefer und in den Filmen von Ulrike Ottinger	208
Persönliche Anmerkungen zur Entstehung und Form dieses Buches	225
Literatur	235
Nachweise der Abbildungen und der kursiv gesetzten Großzitate	243

Die Welt ist ohne Fremdheit nicht vorstellbar.

Sich ihrer Vielschichtigkeit anzunähern bedeutet: uns, in den Spiegelungen von eigen und fremd, wahrzunehmen.

REBECCA HORN: Übermalung des
Bildes »Drum Majorette«

Weite. Seitenbeweglichkeit. Offene Horizonte

WER ERZÄHLT

Der Ich-Erzähler in diesem Buch berichtet von dem Abenteuer, sich den vielen Formen von Fremdheit in den unterschiedlichsten Kulturen, in der Natur und im individuellen Erleben auszusetzen.

Er erzählt, wie er die vertrauten alltäglichen, sozialen und gesellschaftlichen Verhältnisse, die Probleme und Konflikte in unserem Land und in Europa und wie er die »fremden« Menschen und deren Lebensformen außerhalb Europas angeschaut hat und wie sie seinen Blick geformt haben. Erfahren hat er dabei, dass die Differenz zum Anderen nicht das Problem ist, solange aus ihr nicht ein Schauplatz für Verachtung gemacht wird.

Oft genug steht er staunend und fragend vor seinen Erlebnissen und muss sich ein mögliches Verstehen erst mithilfe sich einander ergänzender Zugangsweisen erschließen. Dabei öffnet er sich dem kreativen Transfer zwischen Analyse und Erzählung, Geschichte und Geschichten. Er sucht nach vielfältigen Perspektiven, die den oft widersprüchlichen Bildern und Erscheinungsweisen der Fremdheit gerecht werden können. An sich selbst erfährt er eine scheinbar unbegrenzte Neugierde, zugleich aber auch Angst und Widerstand gegen das gänzlich Unvertraute. Dennoch hält er an dem Wunsch fest, Fremdheit – trotz der sich noch stärker ausbreitenden Formen von Vorurteilen, Hass und Rassismus – als einen offenen Gestaltungs-Raum zu begreifen. Ihn zu beschreiten gleicht einer Expedition, die auch in schwer zugängliche seelische Terrains, in das »Innere Ausland«, die innere Fremdheit führt.

Der Ich-Erzähler in diesem Buch ist Ethnologe – ein leidenschaftlicher Erkunder unvertrauter geistiger und seelischer Landschaften –, und er wird zugleich von anderen Menschen, ihren Erfahrungen und ihrem Wissen allererst zum Ethnologen gemacht.

Viel erfahren hat er dabei von einem bestimmten Typus des Ethnologen; einem, der dem *emotionalen* Austausch mit den Menschen anderer Kulturen besondere Aufmerksamkeit schenkt. Solche intensiv gestalteten Übertragungs-Beziehungen können wir auch für unser Verhältnis zu den Fremden nutzbar machen und lernen, uns selbst im Blick auf den Fremden immer mitzusehen.

FREMDHEIT ALS OFFENES TERRAIN VON WAHLMÖGLICHKEITEN

Nach '45 trug in Deutschland unser aller Nachbar den Namen Fremdheit. Sein Gesicht war verstört. Sein Körper ausgelaugt und niedergedrückt. Seine Haltung gebückt. Es war eine weltpolitische, gesellschaftliche, soziale und humanitäre Fremdheit, die uns umgab. Nicht nur die unmittelbaren Kriegsteilnehmer. Der Resonanzraum der Bombenangriffe, der Angst und des Schreckens schloss, unterschiedlich heftig, alle ein, auch die nach dem Krieg Geborenen, deren Eltern inmitten der Katastrophe gelebt hatten.

Der Wiederaufbau des Landes wurde als ein wirtschaftliches Programm ausgegeben, das von außen in den inneren geistigen und psychischen Zusammenbruch heilend einwirken sollte. Ein sehr zweifelhaftes Medikament bei einem Totalzusammenbruch.

Das Unheil hatte sich in alle Ritzen der Gesellschaft ausgebreitet. In den Diagnosen wurde es teilweise als Ausdruck einer generellen Verlorenheit des Menschen gesehen und verband sich mit einem Gefühl der Ohnmacht. Dagegen aufzubegehren und den »Wiederaufbau« mit einem geistigen Neu-zur-Welt-Kommen zu verknüpfen, verlangte einen ausgeprägten Mut zur Selbstverwirklichung, das Abarbeiten am internalisierten Schrecken und an der noch andauernden Angst.

Vage erkennbar wurde die Chance zur Individuation als

ein Sicheinhören in größere Dimensionen der Welt. Welthungrig, weltergreifend und weltteilhabend.

Die 68er und Nach-68er befreiten sich schrittweise aus der traumatischen Verengung des Lebens und Denkens. Und sie zeigten ein anderes Gesicht, eine andere Körperhaltung und brachliegende kreative Potentiale der Fremdheit.

Fremdheit war nun nicht mehr nur Ausdruck von Zerstörung und Verstörtsein. Sie wandelte sich zu einem offenen Terrain von Wahlmöglichkeiten. Aufbruch. Engagement. Revolte. Revolution. Freilich mit dem Preis neuer Ideologien und Verengungen, Verleugnungen und Verherrlichungen. Und einer Öffnung zu einer verherrlichten Gewaltdynamik. Einschränkungen, die die avisierten neuen Horizonte und die sichtbar werdenden neuen Ufer trübten. Miteinander in Konkurrenz traten die innere Revolte mit ihren Techniken der Selbsterfahrung und die politische Revolution, die Befreiung als ein Gang durch die Institutionen und als Durchsetzung alternativer Gesellschaftsmodelle.

Zwei Formen, die tief empfundene Entfremdung von sich selbst und der Gesellschaft zu überwinden, das individuelle Lebensgefühl und die Lust am Miteinandersein zu steigern. Die Entscheidung stellte sich zwischen der Suche nach einer befreienden existentiellen und einer neu zu gestaltenden politisch-gesellschaftlichen Tiefenschicht.

Es entwickelten sich gegensätzliche Formen von Praxis: auf der gesellschaftlichen, der spirituellen und der ethnologischen (außereuropäische Kulturen erobernden) Ebene. Diese Praxisformen standen im Dienst einer Erneuerung und Heilung der erlittenen Ent-Fremdung von Humanität, Zivilisation, Kultur.

Aufbrüche in verloren gegangene Seelenlandschaften und Rückeroberungen des zerstörten geistigen Terrains.

Die Ethnologie wurde, nachdem sich das politische Aufbruchspotential etwas verbraucht und entleert, an visionärer Kraft verloren hatte, zu einem neuen Hoffnungsträger. Sich verbindend mit sexueller Revolution, Psychoanalyse, spirituellen und schamanistischen Reisen und individuellem Abenteurertum.

Geistige Heroen gaben uns reichlich Stoff für neue Entwürfe: Sartre, Camus und Wittgenstein, Wilhelm Reich, Jacques Lacan, Claude Lévi-Strauss. Sie verliehen der Fremdheit ein vielgestaltiges und multikulturelles Gesicht mit feinen existentiellen, sprachspielerischen und tiefenarchäologischen Zügen. Ihnen eingeschrieben waren die Neugierde und eine künstlerische Intensität, die Freude an gedanklichen Austauschprozessen und die Lust auf Forschung.

REBECCA HORN: Ohne Titel

Innere Dynamik

FREMDHEIT UND VERTRAUTHEIT

Welch ein Ereignis, sich in dieser Welt, mit diesen Menschen, diesen Kulturen, Künsten und Religionen zu diesem geschichtlichen Zeitpunkt vorzufinden und die Erfahrung von Feindschaft, Gewalt und Hass zu machen und wie dennoch inmitten all der Konflikte Vertrauen und Nähe entstehen.

Niemals wird man den Augenblick vergessen können, in dem sich unterschiedlichste Erscheinungsformen von Fremdheit und Vertrautheit zum ersten Mal auf einzigartige Weise zu überlagern begannen.

Wie aber den Verknüpfungen und Überschneidungen eine Sprache verleihen, die sowohl beim Versuch zu deuten wie auch beim Wunsch, narrativen Spuren zu folgen, ansetzt?

Ein Kind lugt aus seinem Wagen, zeigt auf alles, was es sieht, und sagt »Da«, das Auto, der Baum, der Hund, das Fahrrad, und erprobt erste Annäherungen an das Befremdliche. Indem es mit dem »Da« ein zaghaftes Lächeln verbindet, spürt es, ganz vage noch, wie es ist, das Fremdheitsgefühl zu mindern.

Zur Welt kommen heißt, sich einer unfassbaren Fremdheit ausgesetzt zu sehen. Das ist der Anfang – und so geht es bis zum Ende des Lebens weiter.

Das Urmuster aller Entscheidungen, die man fortan trifft, besteht darin, ob man der Fremdheit lustvoll oder aber feindlich begegnet, ob man ihr die Tore zum eigenen Inneren öffnet oder aber verschließt.

Das ist auch ein Akt der Freiheit und des Willens. Es gibt erlernbare und einübbare Spielräume für den lustvollen und als bereichernd erfahrbaren Umgang mit Andersheit. Leben ist ein Umkreisen, Einkreisen und Ausgrenzen von Nichtgleichem.

Aber bei dem Wort »Nichtgleich« beginnt schon die falsche Orientierung: so, als sei das Eigene das mit sich selbst Gleiche. Das Gegenteil ist der Fall: Das Eigene ist in seiner Struktur das Fremde, das Unverstandene und allererst noch zu Entdeckende und zu Erschließende.

In dem Augenblick, da man sich für die Wahrnehmung der Welt als Schriftsteller, Künstler oder Intellektueller (also als ein »Künstler« gedanklicher Kombinationen und Assoziationen) entscheidet, wendet man sich einer offenen, heterogenen Identität, einer lustvollen Arbeit am Nicht-Identischen und Nicht-fest-Zementierten zu.

Nur dort, wo wir uns auch an Fremdheit in uns selbst anschließen, ereignet sich das, was wir *Leben* nennen.

Die Geschichte der Menschen ist von Beginn an eine mehr oder weniger aggressiv geführte Auseinandersetzung mit Fremdheit und den sie repräsentierenden Fremden. Unterbrochen von Gesten und Haltungen der Neugierde, Zuneigung, Freundschaft und Liebe. In diesem universellen Prozess ändert sich nur die Wahl dessen, wer und was als fremd empfunden und als bedrohlich abgewehrt wird.

Der Blick auf den Fremden ist immer ein kulturell und emotional begrenzter Blick.

Die schwierige Beziehung zum Fremden, und damit das Ausmaß des nicht zu Verstehenden, schichtet sich ins Endlose. Man hat – angesichts der aktuellen Ereignisse in der Türkei, in Amerika und Europa, im Nahen und Fernen Osten – den Eindruck von einer kaum noch fassbaren Beschleunigung sowie politischen und medialen Dramatisierung.

Viele Nationen und soziale Gruppierungen scheren aus vertrauten Allianzen aus und verfallen dem Wahn, sie würden mit sich selbst und untereinander vertrauter, indem sie die nach außen führenden Türen schließen. Keine Gesellschaft aber wird einheitlicher, wenn Minderheiten verachtet oder einfach nur ignoriert werden. Die Fremdheit, die man zu verscheuchen versucht, wird noch unausweichlicher im Inneren der Gesellschaft aufbrechen.

Das sich stetig ausweitende Feld menschenverachtender und menschenunwürdiger Übergriffe, Auslöschungsphantasien und -praktiken vertieft täglich das Ausmaß an Befremdnis gegenüber dem Menschen generell, offenbart die Brüchigkeit des Humanismus und der Zivilisation.

Gab es in der Vergangenheit und gibt es in der Gegenwart einen Ort, an dem niemand ein Fremder war oder ist?

Wenn ein solcher Ort schon nicht in der Außenwelt ausfindig zu machen ist, können wir uns dann wenigstens auf die Suche nach ihm im seelischen Innenraum eines jeden Einzelnen begeben?

Genau hier aber – im Binnenraum – ist der Urquell der Fremdheit und Befremdnis, aus dem die Menschen schöpfen und, selbstverleugnerisch, die oft genug am eigenen Leib erfahrene unerträgliche und schwer zu entziffernde innere Fremdheit abwälzen: auf Fremde im Außen und als bedrohlich erfahrene Eindringlinge und Minderheiten. Im vermeintlich unbefleckten, schein-homogenen, zutiefst aber heterogenen Eigenen gewinnt der Fremdenhass viel von seiner

Durchsetzungskraft. Im Hass auf den Fremden suchen die Menschen ihr aufgewühltes Inneres zu beruhigen, lehnen sich beruhigt zurück und denken: Ich bin es nicht, der Fremde ist es, den es anzuklagen, am besten auch zu verjagen gilt.

Kann man sie, die von Hass und schändlichem Tatendrang Erfüllten, nicht verstehen, wenn sie die »günstige« Gelegenheit – die großräumige und unüberschaubare Ankunft von Fremden – ergreifen und ihre verängstigte und ihnen zu Teilen unzugängliche Seele zu vergessen versuchen? Wenigstens für Augenblicke?

Für trügerische Augenblicke.

Wie können wir die Menschen, die sich den Zugang zu sich selbst verwehren und sich nach innen hin abschotten, erreichen und ihnen zurufen: Schau dich selbst an und nutze die Selbsterkundung für deinen Blick auf den Fremden und den dich auf vielfältigste Weise bereichernden Austausch mit ihm. Beschenkt wirst du zurückkehren von dieser Expedition in die äußere Fremde, zurück in der eigenen, jetzt neu zu erforschenden Fremde.

Wenn wir selbst davon zutiefst überzeugt sind, haben wir eine Chance, die Verkenner der Schönheit des Diversen zu erreichen.

Vieles stellt sich uns dabei in den Weg. Am schwierigsten ist sicherlich die Überwindung des Gefühls, diese Welt nicht mehr selbstbestimmt erfahren, beleben und erzählen zu können. Jeder neue terroristische Anschlag und der ungezügelte Umgang mit anderer Leben und Tod sowie die gesellschaftlich, sozial und ethisch unlösbar erscheinende weltweite Flüchtlingsproblematik drohen die Entfaltung der eigenen Lebenswirklichkeit zu erdrücken.

Entgleitet uns die Welt in eine Abfolge maßloser Überschreitungen, von der wir nur noch nachträglich Bericht erstatten? Die schlicht wirkende Formulierung »Bericht erstatten« beinhaltet alle Darstellungsformen im weiten Feld der Erforschung von Geschichte und dem Erzählen von Geschichten; Formen, in denen wir uns den Überlagerungen von Fremdheit und Vertrautheit zu vergewissern versuchen. Die Begriffe Fremdheit, Geschichten, Geschichte und Aufgabe bilden die Koordinaten der in diesem Buch versuchten Erzählung.

Die immer mehr raumgreifenden verzerrenden Zurichtungen der Fremdheit fordern uns dazu auf, uns verstehend, korrigierend und erzählend einzumischen.

Dabei öffnet der Blick, den der Fremde *auf uns* richtet, auch einen Spalt weit die Tür zu unserer inneren Fremdheit und Befremdnis.

Der Psychoanalytiker Theodor Reik hat einmal von Schauspielern gefordert, sie sollen jenen Teil des Affekts wieder beleben, der sie einstmals dazu veranlasste, Schauspieler zu werden. Das können wir auch auf unseren Umgang mit den Fremden beziehen. Wir sollten uns wieder des Affektes bewusst werden, der erstmals Ausgangspunkt selbst geäußerter Fremdenfeindlichkeit und einer *Abwertung* der Differenz zum Anderen gewesen ist.

FRITZ MORGENTHALER: Tabu

Im Inneren ist das Haus erleuchtet. Vielleicht sieht es auch nur erleuchtet aus, weil es von Dunkelheit und Fremdheit umgeben ist, die das Innere allererst konturieren und erhellen.

DIE VIELEN GESICHTER
DER FREMDHEIT

Großstädtische Cafés, Bistros und Bars gehören ihrer Natur nach zu den bevorzugten Orten eines erwünschten und gesuchten Austauschs von Fremdheit. Sie erweisen sich auch in Zeiten, in denen Ausgrenzungen ebenso an den Rändern wie in der Mitte der Gesellschaft zunehmen, als besonders widerständig.

Als ich in den 1970er Jahren in Amsterdam wohnte, galt die Stadt als Inbegriff gelebter Freiheit, und die Caféhäuser waren berühmt als Orte, an denen alle Gesichter der Fremdheit offen und freundlich schienen. Zu jener Zeit besuchte ich den Psychoanalytiker und Ethnologen Fritz Morgenthaler immer wieder mit meiner Freundin in seiner Gemeinschaftspraxis in Zürich und er uns in Amsterdam. Es war eine für die damalige Aufbruchstimmung typische Lust am experimentellen Umgang mit gesellschaftlichen Normen: In seinem Therapiezimmer bereitete er uns dort, wo tagsüber die Couch stand, für die Nacht ein Liebeslager, was von den Kollegen als höchst befremdlich angesehen und missbilligt wurde. In Amsterdam lud er uns zu seinem Vortrag über Perversionen in die steife Psychoanalytische Gesellschaft ein, deren Mitglieder uns als exotische, ihre Homogenität störende Fremdlinge empfanden. Wir waren uns unserer Fremdheit bewusst, agierten spielerisch mit ihr – so wie es Morgenthaler auch einmal in einem New Yorker Café, in dem er abweisend behandelt worden war, ausprobiert hatte. »Look, I am a foreigner«, hatte er freudig den anwesenden Gästen zugerufen. Die Folge war keine weitgehendere Distanzierung von ihm, im Gegenteil. Die einander Fremden rückten näher, erkundigten sich nach Herkunft und Wohlergehen dessen, der hier so offen bekannte, was doch für alle sichtbar war. Fortan war es seine Zauberformel, mit der er seiner Individualität zu ihrem Recht verhalf.

Mit dem Schriftsteller und Ethnologen Hubert Fichte hatte ich mich oft über die vielen Rollen ausgetauscht, die man in fremden Kulturen freiwillig einnimmt oder in die man unfreiwillig verstrickt wird. Er erzählte, wie er lernte, seine Homosexualität offensiv ins Spiel zu bringen, vor allem dann, wenn dies als provozierend und befremdlich empfunden wurde. Zuweilen hatte das Rollenspiel auch komische Züge, wenn er durch das Bekenntnis seine gerade noch gefeierte Autorität einbüßte.

Die »Autorität« des aus Europa kommenden Fremden ist ohnehin ein höchst fragiles Gebilde, schwankend zwischen Idealisierung und Geringschätzung. Davon hat die Ethnologin Heike Behrend besonders bildhaft erzählt: Als sie die Tugen in Ostafrika 1978 zum ersten Mal besuchte, machten sie ihr von Anfang an klar, wer hier das Sagen hat. Wer war sie schon, was wusste sie schon, selbst ihre Fragen seien falsch gestellt, und verwandtschaftliche Beziehungen zu ihnen hätte sie auch nicht vorzuweisen. Von ihrer mangelnden Sprachkenntnis ganz zu schweigen. Konnte man mit solch einer Frau überhaupt ein Gespräch führen? Die Tugen bezeichneten sie offen als *machich*, eine Unperson, ein Wesen aus der Wildnis. Sie müsse zuerst einmal den Bereich der Wildnis verlassen, nicht länger »Affe« sein und *chich*, eine Person, werden. Später nannten die Tugen sie »Ding« – bevor sie dieses Ding nach und nach mit Eigenschaften ausstatteten und ihr verwandtschaftliche Beziehungen zusprachen, sie zunehmend als Person vervollständigten, analog dem Lebenszyklus, den jedes Kind bei ihnen zu durchlaufen hat. In ihrem Buch *Die Zeit des Feuers* hat Heike Behrend diesen Wandel so beschrieben:

> *Meine Beharrlichkeit, stets zu ihnen zurückzukehren, war die erste Eigenschaft, die sie meiner noch unvollständigen Person anhefteten. Meine Verwandlung von einem Ding zu einer Person begann mit Einladungen zum Essen und Trinken. Ich erwiderte diese Einladungen und war bald eingewoben in ein Netz von Beziehungen, in dem Gleiches gegen Gleiches, Tabak gegen Tabak, und Bier gegen Bier getauscht wurde. Tugen sagten: »Das Ding gibt uns zu essen, es liebt uns.«*

In diesem Fall war die Fremde abhängig von den Menschen, unter denen sie lebte, abhängig davon, dass sie von ihnen erst einmal zu einer »Person« gemacht wurde. Dass sie eine Fremde war, brauchte man den Tugen nicht zu sagen; deren Augenmerk war auf nichts anderes als auf diese Differenz gerichtet. Differenz: ein Knotenpunkt, an dem sich eine extrem negative, auch feindliche Besetzung oder aber ein von Neugierde beflügeltes Aufeinander-Zugehen entfalten kann.

So gegensätzlich die geschilderten Konfrontationen in Zürich und Amsterdam, in Ostafrika und Nordamerika auch abliefen, gemeinsam ist ihnen doch, dass der Fremde nicht umhinkann, sein Anderssein auch selbst anzuerkennen. Er kann sich in seiner Fremdheit nicht verleugnen und sollte es auch nicht versuchen.

Nützt es heute dem Syrer, Iraker, Nordafrikaner oder Afghanen etwas, wenn er bekennt: »Look, I am a foreigner«? Nützt es ihm etwas, wenn er weiß, dass auch der Einheimische woanders ein Fremder, eine Unperson ist, jemand, der »aus der Wildnis« kommt? Ja, insofern der Wunsch nach völliger Anpassung und Angleichung immer illusionär bleibt und die Verdrängung der eigenen Kultur nur die usurpierenden Integrationsphantasien der anderen Seite befriedigt. Es bleibt eine Gratwanderung zwischen Akkulturation und Autonomie.

Ein Psychoanalytiker und Musiker verliebt sich während einer Reise im Senegal in eine Frau aus einem Dorf bei Dakar und verlebt mit ihr glückliche Wochen. Eines Tages, lange nach seiner Rückkehr, schreibt sie ihm nach Bern, sie würde ihn jetzt gern auch in seinem Land besuchen, seine Freunde kennenlernen und sehen, wie er lebt. Eine Zeit großer innerer Unruhe bricht für ihn an. Wie werden seine Freunde auf seine neue Liebe reagieren? – die Musiker-Freunde sicher begeistert, die Analytiker-Freunde eher distanziert und die Beziehung sogleich analysierend. Und wie wird sie die reiche Villengegend, in der er wohnt, wahrnehmen? Kann er ihr vermitteln, dass das prächtige Haus sogar zur Hälfte ihm gehört? Der Konflikt nimmt aber an einem ganz unerwarteten Punkt seinen Ausgang und endet in einem Desaster.

Im feinen Grandhotel, in das der Mann seine Freunde zusammen mit seiner neuen Freundin gleich am Abend ihrer Ankunft eingeladen hatte, fragte sie, schon kurz nach dem Eintritt, ob hier in diesem Saal alle miteinander verfeindet seien. Dass alle Gäste an separaten Tischen saßen, überall verstreut und zudem noch unterbrochen von vielen leeren Plätzen, war für sie ein untrügliches Zeichen zerrütteter Familienbande. Als sie dann noch ein Analytiker – und dies sogar besonders liebenswürdig und ihr zugewandt – fragte, ob sie auch Geschwister habe und wie es ihren Eltern gehe, war dies für sie die Spitze der Ignoranz und Demütigung, war sie es doch gewohnt, dass alle im Dorf alles von den anderen wussten. Jeder war stets über Wohl und Leid der anderen auf dem Laufenden.

Sie beteiligte sich dann nicht mehr an der Unterhaltung und drängte bald zum Aufbruch. In den beiden verbleibenden Wochen ihres Aufenthalts zog sie die Jeans im Bett nicht mehr aus, verbrachte die Tage vor dem Fernseher und zappte stundenlang alle dreihundert Kanäle durch. Das begeisterte sie. Die Sehenswürdigkeiten, die der Mann für sie in Bern und im Umland ausgesucht hatte, blieben ungesehen.

Es gab keine Brücken, über die man die grundverschiedenen Lebenswelten in einen verstehenden Austausch hätte zusammenführen können. Nur solange *er* im Senegal seiner professionell geschulten Empathie für Fremdheiten und seiner Faszination für die sie umgebende Erotik und Schönheit gefolgt war und *sie* ihren Phantasien und Wunschbildern einer ganz anderen Welt nachgehen konnte, waren Verstehen und Zusammenleben möglich.

Hätten sie ihre Einstellungen von Grund auf verändern können? Waren die trennenden Momente vielleicht sogar nur Äußerlichkeiten?

Die Frage nach den »Äußerlichkeiten« lässt mich an einen Freund denken, der es bei seinen vielen Reisen leid war, bei jeder Zollkontrolle mit einer an Sicherheit grenzenden Wahrscheinlichkeit als Erster aus der Reihe der Reisenden herausgewunken zu werden. So entschied er sich, selbst den unsympathischsten Beamten mit ausgesuchter Höflichkeit und Zuvorkommenheit zu begegnen, sich sogar nach ihrem Wohlbefinden zu erkundigen, und er entschloss sich zudem, seinen geliebten Dalí-Schnurrbart abzurasieren und die schulterlangen, etwas zotteligen Haare zu stutzen. Und was veränderte sich? Nichts. Alles blieb wie zuvor. Wären die Gäste in dem Berner Grandhotel eng zusammengerückt, hätte das etwas an dem grundlegenden Gefühl gegenseitiger Fremdheit geändert? Im Fall des reisenden Freundes »rochen« die Beamten die Fremdheit, die in seinem Künstlertum beschlossen lag, in seiner Art, die Welt zu sehen und auf der Leinwand zu gestalten.

An jedem von uns haftet etwas – sichtbar oder unsichtbar –, was uns in den Augen derer, die sich als nicht-fremd verstehen, als fremd erscheinen lassen kann, zum Beispiel eine bestimmte Art zu gehen, schleppender oder hastiger zu sprechen, ein Bier anders als dort üblich zu bestellen oder sich zum Beispiel in ein Buch zu vertiefen – was etwa in Harry's Bar in Venedig, im Café Flore in Paris oder in der Paris Bar in Berlin kein Problem ist, vielleicht sogar ein Ausweis der Zugehörigkeit, an einem anderen Ort aber als befremdlich erscheinen könnte.

Das nenne ich eine *schleichende Fremdheit*, die in einer von sich aus geradezu unschuldigen Differenz zum Anderen ihren Ausgang nimmt und zu extrem verzerrenden Ausformungen in der Lage ist. Menschen schwärmen oft nach ihrer Urlaubsreise von der Herzlichkeit, die sie in der Fremde erfahren haben. Wie fragil aber dieser persönliche Austausch ist, zeigt sich, wenn sie, zurückgekehrt, in der heimischen Umgebung auf generalisierende fremdenfeindliche Stimmungen treffen und sie am Singulären nicht festhalten können.

Sich einander fremd zu sein ist erst einmal ein für Bewertungen *offener* Raum der Erfahrung und Begegnung.

»Jeder ist ein Fremder irgendwo.« Das »irgendwo« ist aber nicht nur außerhalb der Landesgrenzen angesiedelt. Das Fremdsein begleitet jeden Menschen vom Anfang seines Lebens an. Da gibt es diesen Gestalt annehmenden Körper, in dem wir heranwachsen und der uns in männliche oder weibliche oder in vielfältige andere Rollen zwingt, uns die Erfahrung des Hörens, Sehens, Riechens, Schmeckens beschert, die Fähigkeit zu denken, Gefühle zu empfinden, zu assoziieren, zu lachen und zu weinen, glücklich und traurig zu sein. Jede dieser Erfahrungen und Fähigkeiten birgt zu Anfang ein unfassbar dichtes Potential an Fremdheit und Befremdnis in sich, was wir beim ersten Auftreten oder Auftreffen (auf uns) gar nicht fassen oder gar begreifen können.

Erst in den Spuren, die die Erfahrungen oder Fähigkeiten in uns hinterlassen haben, können wir ihnen bewusst begegnen und versuchen, sie selbstreflexiv einzuholen.

Wir wachsen in den Körper und die ihn umgebende Welt hinein, und die Welt und die Menschen in ihr hinterlassen ihren Abdruck in uns.

Und so sind wir von Grund auf viele Ichs und Andere, Eigene und Fremde. Dann aber soll daraus ein Ich, *einer*, ein Hiesiger werden. Dafür verwendet man das Wort »Identität«, in dem man dem Komplexen und Heterogenen, dem Gemischten und Uneindeutigen zu wenig Raum gibt.

Die Sache ist einfach und kompliziert zugleich, und das ist letztlich wunderbar und trifft den Nagel auf den Kopf. Der »Nagel« ist das Problem mit der Fremdheit generell und den Fremden im Besonderen. Wenn wir jemanden als vernagelt bezeichnen, dann meinen wir, dass er sich in eine Ansicht verbohrt hat. Der Hass auf die Fremden, ausgeübt von einem Heer von Vernagelten, gibt ein angsterregendes Bild ab. Aber nicht nur für die Zuschauenden, im Grund auch für die Ausübenden, für ihr Selbstbild. Sie schneiden sich selbst ab von der Fülle der Bilder und Einstellungen zur Welt.

Es ist nicht die reale Erfahrung mit dem einzelnen Fremden, sondern das vervielfältigte (Zerr-)Bild des Fremden und der Fremdheit, die Angst erzeugen und den Rechtspopulismus hervorbringen: ein Konstrukt, an das die traditionelle (Partei-)Politik nicht herankommt. Kann man überhaupt die Hoffnung hegen, argumentativ gegen Populismen anzukommen und so die Haltung des Protests – des puren Dagegen – aufzuweichen? Läuft der Appell an den humanitären Blick auf diesem Terrain nicht immer ins Leere?

Wie können wir uns all diesen Formen der Fremdheit und des Umgangs mit dem Fremden nähern? Ich schlage eine grundsätzliche Entscheidung vor, sich der Geschichte und den Geschichten, einander ergänzend, zuzuwenden.

Wenn wir von Geschichte sprechen, meinen wir zumeist den Ablauf von bedeutenden Geschehnissen in der ferneren oder näheren Vergangenheit und stellen uns dabei in der Regel einen vom Faktischen geprägten »Block« vor. Eine solche Vorstellung ist aber nachträglicher Art, verfestigt etwas, das während des Geschehens fluide und teils diffus ist. Geschichte ist eine von vielen Sprechern und Berichterstattern in Formen, in Sprache und Wissen gegossene Darstellung, die sich auch der vermeintlich kleinen und für den Lauf der Geschichte unerheblich erscheinenden Geschichten und Lebensgeschichten annehmen sollte.

Für diese Haltung lässt sich unter anderem ein mit dem Leben der Menschen eng vertrauter Zeuge aufrufen: es ist der Seelenarzt, wie er früher auch hieß. Die der Seele oder dem Unbewussten zugewandten Psychoanalytiker der ersten

Generation glaubten zu Anfang, Patienten berichteten eins zu eins davon, wie etwas gewesen ist, wie sich die (Lebens-)Geschichte ereignet hat. Dann jedoch erfuhren sie mehr und mehr, dass die Patienten ihnen Erzählungen anboten: individuell erstellte Konstruktionen von Geschichten. Dies bedeutet aber, wie man vielleicht befürchten könnte, keine Minderung der Wahrheit. Es ist die narrative Art und Weise, in der uns Geschichte, Lebensgeschichte und Wirklichkeit zugänglich sind. Geschichten und Geschichte bilden ein Paar. Und so war es für mich eine zwingende Notwendigkeit, immer auch die Frage einzubeziehen, *wie*, in welchen sprachlichen Formen Fremdheit in ihrer Universalität und Konkretion vermittelt und als »Realität« und »Wahrheit« behauptet wird.

Zumeist stufen wir dabei die sich als »objektiv« und »neutral« ausgebenden Berichte und Studien höher ein als »subjektive« Impressionen und Erzählungen. Bei genauerem Hinsehen aber führen das Zusammenspiel von Eindrücken und Beobachtungen, Erfahrungen, Verstehen und Nichtverstehen, Wissen, Nichtwissen und die gewählte Sprache zu (in sich beweglichen) experimentellen Einheiten, die voller Zukunftspotentiale sind. Bewusst mit ihnen umzugehen und sie offenzuhalten für Möglichkeitsräume des Denkens und Handelns, macht sie zu Erzählungen mit der Chance einer anhaltenden Wirkung und Einflussnahme.

So verwundert es denn auch nicht, welch eine Fülle ganz unterschiedlich ausgerichteter und »grundierter« Reportagen sich in den letzten Jahrzehnten im Umgang mit Fremdheit und den sie repräsentierenden Fremden herausgebildet hat; wie sich in vielen Fällen der Beobachter, der Zeitdiagnostiker und der Schriftsteller miteinander verbündet haben. Auf exemplarische Weise gilt dies etwa für Navid Kermani, Gilles Kepel oder Emmanuel Carrère, denen ich einige Kapitel (beginnend mit »Von Fremdheit erzählen, aber auf welche Weise?«) gewidmet habe.

Gerade da, wo die Fremdheit des unmittelbaren politischen und religiösen Nachbarn unüberwindlich erscheint und sich an der Grenze zum Hass und zu Vernichtungsphantasien bewegt, erweisen sich der Mut und Vermittlungswunsch mancher Reporter-Schriftsteller von unschätzbarem Wert.

VON DER BEDEUTUNG DER PERSPEKTIVENVIELFALT

Als ich mehr als ein Jahr lang ganz oft mit dem Filmemacher Jean-Marie Straub in der Cinematheque von Rom Filme anschaute, überraschte er mich einmal nach der Vorstellung mit der Feststellung, der Regisseur habe nicht offengelegt, von wo aus er auf die Szene geschaut habe. Von da an begleitet mich die Frage »Wo steht die Kamera?« beim Lesen von Romanen und Studien, beim Anschauen von Spielfilmen und Fernsehsendungen, vor allem dann, wenn die Bildproduzenten so tun, als würden sie von einem gleichsam neutralen, das gesamte Geschehen, die Geschichte und die (Lebens-)Geschichten überblickenden Standort schauen. Die Wahl des Blickwinkels und der möglichen Erweiterungen sollte im Film selbst (und entsprechend in jedem Werk) erkennbar sein. Die Bilder, die das Fernsehen von außereuropäischen Kulturen, von den Aufspaltungen in Eigen und Fremd, von den Angriffen der »Einheimischen« auf Fremde genauso wie von den Verfehlungen der Fremden zeigt, können die Komplexität des Geschehens nicht ohne Weiteres abbilden. Sie müssen sich einer Vielfalt von Zugangsweisen verschreiben und der Einsicht, dass jede Beobachtung und jede Filmeinstellung nie jenseits von Deutungen gemacht werden, sondern immer schon geprägt sind von ausgesprochenen und unausgesprochenen, auch unerkannten Interpretationen.

Aus einem solchen Bewusstsein und einer vielperspektivischen Einstellung heraus können Bildfolgen entstehen, die

Annäherungen an das Geschehen und an das, was wir Wirklichkeit nennen, ermöglichen. Alle sind dabei Zuträger: die im Alltäglichen Lebenden und die Beobachter des Alltäglichen, Stadt- und Landbewohner, Sesshafte und Nomaden, Reporter, Soziologen, Filmer, Fotografen, Schriftsteller …

Einen Film über die Einheimischen und die Fremden und über den Hass auf die Fremden zu drehen oder einen Text darüber zu schreiben, führt nur dann einen Schritt über das Klischee von alltagsnahen Reportagen hinaus, wenn sie nicht vorgeben, die Wahrheit widerzuspiegeln, sondern versuchen, entlang der Wahrheits- und Unwahrheits-Linien Sichtweisen und Deutungsmöglichkeiten vorzuschlagen; wenn sie der nur erst in Konturen wahrnehmbaren Wahrheit eine Bildfolge und einen Text abzuringen versuchen, an dem sich die sogenannte Wirklichkeit neu überprüfen und neu sehen lässt.

Bei Menschen, die sich stolz als Realisten ausgeben, ist Vorsicht geboten, da sie diese Bezeichnung oft nur als Legitimation benutzen, um über Dinge nicht weiter nachzudenken und gar nicht erst den Schritt in andere Denk-, Vorstellungs- und Möglichkeitsräume machen zu müssen. Der zur Schau getragene Realismus zum Beispiel der Politiker ist der *Realität* der Menschen – und das heißt, deren Lebensformen und Schwierigkeiten, der vielleicht drohenden Armut, der im Raum stehenden Kündigung, der Sorge um die Kinder oder die Eltern – oft viel ferner als eine unrealistisch erscheinende Vision davon, an welcher Stelle Veränderungen einsetzen könnten.

Nur der erarbeitete (der Konfrontation mit den komplexen, vielgestaltigen Situationen *abgerungene*) realistische Blick darf sich mit *Fug und Recht* so nennen. Es ist ein Blick, der die Grenze zum unmöglich Erscheinenden im Leben der »Hiesigen« und der Fremden aufgeweicht hat und offen hält.

Die Rede vom Fremden kann Ausdruck des Wunsches nach Integration der »Anderen« sein. Sie kann aber auch für ein diffuses Gefühl herhalten, für ein Gefühl der Gefährdung, sozialer Angst und Ausgrenzung innerhalb der eigenen Gesellschaft. Da bietet sich der Fremde, der von außen in diese Gesellschaft »eindringt«, als Adressat und Stellvertreter an. Auf den Fremden lässt sich auch eine soziale Verlusterfahrung projizieren. Da das Eindringen der Technologie und Technik in das Privatleben positiv besetzt ist und man dennoch spürt, dass etwas in den sozialen Bindungen und in der Vertrautheit untereinander verloren geht, werden, mehr unbewusst, dafür andere Faktoren, wie etwa die Unruhe verbreitende Präsenz der Fremden, verantwortlich gemacht.

Gleichgültig, welchem hehren oder aber zweifelhaften Begehren die Rede über die Fremden folgt, ist sie doch immer auch eine willkommene Gelegenheit, um von dem viel grundsätzlicheren, ja universalen und erst einmal schwer fassbaren Phänomen *der* Fremdheit – das alle unsere Lebensbereiche von Anfang an mitbestimmt – abzulenken.

Die Erfahrung von Fremdheit wird in Zeiten einer vermeintlichen »Invasion« von Andersgläubigen oft auf den angstbesetzten Umgang mit ihnen reduziert. Angst kennt aber ein unermesslich weites Feld, an dem sie ansetzen kann: Welch eine unfassbare Diversität an jederzeit möglichen Einbrüchen der Angst vor »Fremdartigkeit« – im Sinne von etwas Bedrohlichem – ins eigene Leben, in das erhofft geschützte Leben denkbar ist: zum Beispiel der Verlust des Arbeitsplatzes, eine lebensbedrohende Krankheit oder ein schwerer Unfall. Vor Ungerechtigkeiten, vor Fremdheit und solchen Einbrüchen schützen keine Stacheldrahtzäune, Betonwände und Abschottungen per Dekret.

Versuchen wir also, uns immer auch in diesem weiten

Terrain, das unseren Alltag, unsere Lebens- und Arbeitswelt, die sozialen Netzwerke, unsere vermeintliche Normalität und verborgene Anomalität und unseren Bezug zur Natur umfasst, zu orientieren, indem wir davon erzählen und uns an das so schillernde Phänomen der DIFFERENZ (zum Anderen) und dessen Deutungen herantasten. Immer darauf achtend, wie fließend die Grenzen zwischen der freudig geteilten und der aggressiv abgewehrten Fremdheit sein können, denkt man nur an die bemalten, maskierten und karnevalesk geschmückten und darin überhaupt nicht bedrohlich wirkenden Zuschauer in den Stadien der Europa- oder Weltmeisterschafts-Fußballspiele.

Diese Art von Fremdheit wird nicht als individuelle befremdliche Besonderheit, sondern als kollektive, verbindende Gleichheit angesehen. Als normal im begrenzten kulturellen Rahmen, zum Beispiel der Richard-Wagner-Festspiele, wird auch das gewollt weihevolle, Festspiel-angepasste Auftreten wahrgenommen. Sicherheit beziehen die solcherart kostümierten Besucher nur innerhalb dieses Rahmens und im unmittelbaren Umfeld. Dies gilt für nahezu alle Gruppierungen, handelt es sich nun um Rocker, Transvestiten, Kardinäle und Bischöfe oder Richter in ihren (außerhalb des Gerichtssaales und der hinein- oder hinausführenden Gänge) höchst befremdlichen Roben.

Bei diesem Versuch, sich an Möglichkeiten des Verstehens heranzutasten, kann ein Blick auf weitere Ausdrucksformen der Fremdheit und auf die sprachlichen Varianten von »fremd« von Bedeutung sein.

»Ich war mir selbst fremd geworden«, so beschreibt ein professioneller Eishockeyspieler, den man immer als Inbegriff eines mit sich und seinem Tun identischen Mannes wahrgenommen hatte, die durch eine Serie von Verletzungen und Gehirnerschütterungen erzwungene Wandlung seiner Selbstwahrnehmung. Über viele Jahre hinweg fühlte er sich vollkommen heimisch in seinem Sport und den damit verbundenen körperlichen Gefährdungen, die er als normal empfand. Erst die gesundheitlichen Folgen ließen ihn an der Normalität zweifeln. Er rückte zu sich selbst in Distanz und stand sich auf einmal wie einem »Fremden« gegenüber. Er entwickelte ein Gefühl für eine zweifache Fremdheit: in Bezug auf die vergangene Zeit als Spitzensportler, die sich in der Rückschau als fremdbestimmt offenbarte, und in Bezug auf den darauf folgenden, von Depressionen geprägten neuen Zustand. Das Erstaunliche am weiteren Verlauf bestand darin, dass er sich die alte Freude an seinem Sport in der Rolle des Trainers bewahrte, sich also aus der Entfremdung herauslöste und die zeitweilige Entfremdung, bedingt durch die seelischen Zusammenbrüche, als notwendigen Schritt erkannte, um zu einer ihm entsprechenden produktiven Selbstwahrnehmung zu gelangen. Fremdheit offenbarte sich ihm als Dreh- und Angelpunkt seines weiteren Lebensweges.

Ein Mann sagt, er habe sich jetzt endgültig von seiner Frau entfremdet, sie sei ihm und vielleicht auch er ihr unzugänglich geworden. Das Vertraute und das Vertrauen waren der Distanz und Distanziertheit gewichen. Die Entfremdung war von ihnen nicht gewollt, anders als bei der durch den Dramatiker Bert Brecht berühmt gewordenen Technik der Verfremdung, die man zum Zweck der Erkenntnis und Bewusstwerdung des im »Selbstverständlichen« Verborgenen und Veränderbaren einsetzt.

Mit »Entfremdung« beschreibt man auch, durchaus begleitet von psychologischen Erklärungsversuchen, sowohl eher banale als auch dramatische politische Prozesse der

Entzweiung. Mitte Februar 2018 spricht Frank-Walter Steinmeier von einer »gegenwärtig gefährlichen Entfremdung« zwischen Russland und dem Westen. Unmittelbar vorausgegangen waren der mutmaßliche Giftgasangriff des von Putin unterstützten Regimes von Präsident Baschar al-Assad auf das syrische Duma und der sieben Tage später erfolgte Luftschlag der Vereinigten Staaten, Frankreichs und Großbritanniens. Mit »Entfremdung« ist hier ein lange schon vorbereiteter, weltpolitisch bedeutsamer Prozess gemeint, der den Zustand gegenseitiger Fremdheit manifestiert und die ehemaligen Fluktuationen zwischen Nähe, Dialog und Kooperationsbereitschaft auch psychisch blockiert.

Allein durch kleinste Veränderungen rund um das unscheinbare Wörtchen »fremd« ergeben sich also grundsätzliche Veränderungen in der Perspektive. Die Formulierung »die Fremden« beinhaltet unüberhörbar eine Distanz zu bestimmten, nicht näher charakterisierten Menschen. Noch deutlicher bringt der Begriff »der Fremde« die Gesamtheit (um nicht zu sagen: Totalität) dieser Menschen zum Ausdruck, anonymisiert sie noch stärker, trotz der angekündigten Singularität im Artikel »der«. Macht man nun aus »der Fremde« »die Fremde«, ist damit nicht etwa die fremde Frau angesprochen, sondern etwas wieder ganz anderes: Länder außerhalb des eigenen Landes. »Die Fremde« ist weniger negativ bewertend gemeint, berührt sogar eher das Gegenteil: Wünsche und Phantasien.

Und das Wort »Fremdheit«? Scheinbar neutral, eher einem Fels gleichend. Welch eine Täuschung! In Wahrheit verbirgt sich in ihm etwas Schillerndes, Vages, Uneinheitliches, Unberechenbares …

Erst einmal sieht man ihm das Abenteuer, das es in sich birgt, nicht an. Es sieht eher etwas steif aus. Auch unschuldig.

Anders als die Rede von den Fremden, die unmittelbar emotional beladene Bilder wachruft, verbunden mit dem Gefühl, angezogen oder abgestoßen zu werden.

In den Vorstellungen vieler Menschen sehen die Fremden dunkelhäutig aus. Als ich meine neue Freundin ins abseits gelegene spanische Inseldorf mitbrachte und den Nachbarn sagte, sie komme aus Kroatien, fragte eine alte Frau, ob dort alle schwarz seien. »Aber Chlorinda, du siehst doch, dass sie nicht schwarz ist.« Das überzeugte sie nicht. Für sie war alles, was sich außerhalb ihres Dorfes ereignete, eine abstrakte Größe. Das lag daran, dass sie ihre Bilder von außerhalb des Dorfes fast ausschließlich aus dem Fernsehen, und vor allem aus den Unterhaltungsshows, bezog. Dort bildeten sie eine anonyme Einheit von Fremden, auch wenn sie Spanier waren. Sie waren den wenigen und alten Dorfbewohnern fremd, weil sie nichts mit deren Leben verbanden. Sie konnten sich nicht vorstellen, wie »die« leben, ob sie vielleicht immer und jeden Tag auf einer Bühne stehen. Auch wenn sie hellhäutig waren, waren sie irgendwie schwarz, was so viel hieß wie: anders, fern, fremd.

Ich war für sie auch ein *Fremder*, das war wie ein Name. Der Fremde, der Deutsche, der schreibt, der auch im Winter ins Meer geht, der kommt und geht und wieder kommt ... Irgendwie war ich ihnen auch suspekt. Was treibt der eigentlich, wenn er nicht hier ist? Kann man den dort, wo der herkommt, auch im Fernsehen sehen? Eigentlich ist er auch irgendwie schwarz. Dann aber war ich es auch nicht. Wenn ich sie zum Beispiel fragte, ob ich ihnen etwas aus der Stadt mitbringen soll, verschwand die Differenz, oder richtiger: sie war ohne negative Bewertung. Dann musste ich mit ihnen, wenn ich die Sachen aus dem Supermarkt brachte, einen unvorstellbar starken Kaffee trinken und das süßeste Gebäck dieser Welt essen. In diesen Situationen war ich ihnen ganz nah, fast war ich einer von ihnen.

Irgendwann reiste ich wieder ab. War ich dann zum Beispiel im städtischen Alltagsleben oder in Bistros und Cafés, sehnte ich mich nach dem Leben im Dorf, so wie sich die Menschen auf Tahiti nach Paris und die Menschen in Paris nach Tahiti sehnen mögen. Und mir war es nicht anders ergangen: Ob auf Tahiti, Bora Bora oder der Osterinsel, im Sudan, in Mali oder Niger – immer war ein emotional unmittelbar aktiver Teil von mir ganz am Ort, in der Situation; ein anderer emotional von Sehnsüchten geprägter Teil woanders. Und da das Schreiben auch der verlängerte Arm der Sehnsucht und des Traums ist, schrieb ich in New York über die Osterinsel (zu der ich erst noch, von Los Angeles aus, hinflog) und auf der Osterinsel (mich sehnsuchtsvoll erinnernd) über New York und, nach einigen Tausend und Abertausend Kilometern angelangt im stürmischen Las Hayas, über die Marquesas-Inseln, und, auf der wellengepeitschten Fahrt zu Gauguins früherer Lebenswelt auf den Marquesas-Inseln und Tahiti, über den einen kurzen Augenblick in der Nacht, wenn ein Teil der Tiere nicht mehr und der andere noch nicht zu hören ist.

Alle Reisen und alles Schreiben sind ein Durchschreiten und Erproben von Möglichkeitsräumen des Lebens, von einem gleichermaßen nahen und fernen Traum- und Sehnsuchtsraum. Dieser Raum ist angesiedelt in einer vertrauten äußeren und einer inneren, poetischen und imaginären Geographie. Sich in ihr schreibend zu orientieren solle, in den Worten Adelbert von Chamissos, so geschehen, dass sich der Leser mit dem Reisenden in die fremde Umgebung »hineinträumen« könne. Der analytische, deutende Blick des Reisenden sollte, in dieser Sichtweise, dem subjektiven Blick des Reisenden nachgeordnet sein.

Als ich 1968 ohne jede Vorbereitung nach Teheran aufbrach, hatte ich keine bewusste Vorstellung davon, was ich dort suchte – sicher nicht geleitet von dem Wunsch, in der Nähe des Schahs, eines unserer Hassobjekte jener Jahre, zu sein. Warum aber dann? Der Reisende folgt inneren Bildern, die sich im Verlauf des Unterwegsseins oder auch erst sehr viel später offenbaren; vielleicht folgt er auch Traumbildern, die sich eines Tages in ganz anderer Gestalt zeigen und eingewoben sind in geistige und seelische Landschaften, in denen die abgründige und die schöne »traumhafte« Fremdheit nah beieinanderliegen.

Die klassischen Traum-besetzten Orte sind nun aber, weltweit, längst vielfältige Amalgame eingegangen, auch unheilvolle Verknüpfungen mit Traumata. Ein Geflüchteter aus Syrien erzählt, er spiele mit dem Gedanken, nach Aleppo zurückzukehren. Rückkehr ins denkbar Schlimmste. Und dies freiwillig. »Freiwillig«? Wie ausweglos und dramatisch muss er sein Leben in Deutschland nach »gelungener« Flucht empfinden, wenn er einen offenen Brief an Angela Merkel schreibt und begründet, warum er die Rückkehr in die Ruinen seines Landes dem Bleiben in einem Land des Friedens vorzieht. Er sei nach Deutschland gekommen, um seinen Kindern eine Zukunft bieten zu können. Jetzt kehre er ihretwegen zurück. »Wenn der Tod kommt, sollten wir bei unseren Familien sein.« Falls er seine Söhne wiedersehe, würden sie seine schlimmsten Verletzungen, die erlittenen Demütigungen, nicht sehen.

Aleppo, Palmyra, Timbuktu:
Ich sehe die Bilder der Zerstörung und frage mich, ob es

verwerflich ist, sich über das Glück zu freuen, vorher noch dort gewesen zu sein und den Reichtum an Leben und Kultur, Schönheit und Fremdheit im Verbund miteinander erlebt zu haben.

Wäre es zynisch, in der aktuellen politischen und humanitären Situation eigenen Phantasien und Sehnsüchten nach den Städten und Landschaften, wie man sie einmal erlebt hat, nachzutrauern und dem Exotismus nachzuträumen? Oder liegt gerade darin, in dieser Erinnerung und Phantasie, eine bedeutsame, das politische Engagement stärkende Kraft, um von außen gegen den Niedergang aufzubegehren?

Sollte man noch dem Wunsch folgen, sofern er sich denn regt, phantasie- und traumbesetzte Orte von früher wieder aufzusuchen? Auch wenn man weiß, dass man sie nicht mehr finden wird, sie nur noch im »Echoraum des Verlangens« (von dem der Reisende Victor Segalen einmal sprach) existieren? Aber ist dies denn etwa weniger wert?

Und ich tue ja nicht so, als gäbe es die mythischen Orte noch, als ließe sich meine Phantasie von früher an ein heutiges Erleben knüpfen. Die Bilder, die sich inzwischen, wie giftiger Schlamm, über die kunstvollen Lehmbauten, ob in Mopti, Gao oder Timbuktu, gelegt haben, lässt viele der Erinnerungen versteinern. Es ist, als würde mitten ins Herz gemordet werden. Müssen wir aber – meine Frage insistiert – nicht gerade angesichts der Destruktionen an den Phantasien, Visionen und Sehnsüchten, am Imaginären und an den Gegenwelten festhalten?

Ich erinnere mich an eine Stelle in Michel Leiris' autobiographischem Text *Das Band am Hals der Olympia*:

Bei Strafe, in den Abgrund hinabzustürzen, hinein in die Hölle der heutigen Welt (Mord, Folter, Lügen, politische Verfolgung, Hunger), muss ich in großer Höhe eine lange Linie, die aus den Buchstaben des Alphabets besteht, von einem Ende zum anderen durchlaufen. Indem ich mich mit beiden Händen anklammere und meine Beine ins Leere baumeln lasse, hangele ich mich von einem Buchstaben zum andern und werde jedes Mal von einem Schwindelgefühl gepackt, wenn ich, um mich weiterzuhangeln, mich nicht ohne Zögern dazu bestimmen lasse, einen weiteren Griff nach vorwärts zu tun. Von A ausgegangen, frage ich mich, ob ich die Kraft habe, bis Z zu gelangen, wo ich – wie ein Drahtseilkünstler, der nach der schwierigen Überquerung auf seiner Plattform angelangt ist – in Sicherheit sein werde. Ich habe große Lust aufzugeben, ebenso sehr wegen des körperlichen Schwindelgefühls wie aufgrund desjenigen, das auf das Bewusstsein von der Absurdität der Situation zurückgeht, aber wie soll ich es anfangen? Wenn ich mich dazu entscheiden würde, dann müsste ich nämlich entweder zu meinem Ausgangspunkt zurückkehren, ein Unterfangen, das genauso gefährlich ist wie das erste, oder aber bis zu Erschöpfung an dem Konsonanten oder dem Vokal hängen bleiben, über den ich auf meiner tastenden Bahn nicht hinausgelangt wäre.

Als ich Leiris in Paris besuchte, kamen wir auch auf diese Stelle zu sprechen und er nannte die entworfenen Bilder »nicht geträumte Traumbilder«. Daraufhin erzählte ich ihm, ich hätte geträumt, wie ich auf der Erdkugel stehend versuchte, diese aus eigener Kraft so zu bewegen, dass meine Bilder der Fremdheit in große schwindelerregende Schwingungen gerieten und ich ihm dabei zugewinkt hätte.

GÜNTER SCHULTE: ohne Titel

Angst vor dem Blick auf den Fremden

DER FREMDE ALS KONTURENBILDNER UND ANNÄHERUNGEN AN EINEN VERÄNDERTEN BLICK

»Der Fremde ermöglicht es dir, du selbst zu sein, indem er dich zum Fremden macht.«

Ich spiele Roulette mit diesem Satz des französischen Schriftstellers Edmond Jabès in *Ein Fremder mit einem kleinen Buch unterm Arm*. Ja, indem der Fremde mich aus seinem Lebensraum ausgrenzt, um sich selbst als »eigen« zu behaupten, vermittelt er mir die Erfahrung des Fremdseins. In der Abgrenzung zum Fremden gebe ich mir selbst eine Kontur. Aber geschieht dies tatsächlich, indem er mich zum Fremden macht? Ja, insofern ich auf diese Weise für andere zum Fremden werde und in mir selbst den Antagonismus von Eigen und Fremd erfahre.

In einem Klima der Überreizung und der Verdächtigungen ist nur wenig Raum für eine solche positive Sicht des Fremden als eines Konturenbildners des eigenen Ich.

Einmal spitzt Jabès seine Sicht der Distanz zum Fremden und zu sich selbst in einer Gleichsetzung zu: »Die Distanz, die uns von dem Fremden trennt, ist die gleiche, die uns von uns selbst trennt. Unsere Verantwortung ihm gegenüber ist mithin keine andere als die, die wir für uns selbst haben. – Und seine? – Dieselbe wie die unsere.«

»Eigene« und »fremde« Kulturen stellen keine in sich abgeschlossenen Einheiten dar. Man kann sie sich viel eher als Relaisstationen oder Knotenpunkte vorstellen.

Stets bewegen wir uns *zwischen* den Kulturen, inmitten ihrer Kontexte und Verbindungen.

Dem entspricht eine offene, mehr- und interkulturelle Identität, die am Austausch von Lebens- und Kommunikationsformen interessiert ist. Im Grunde ist der Begriff »Kultur« – genauso wie der der »Identität« – ein Abstraktum, ein Konstrukt. Wir kennen nur Kulturen, die in Beziehung zueinander stehen. Völlig isoliert lebende Ethnien haben dafür andere Vorstellungen entwickelt.

Solange Fremdheit nur im Augenblick der Bedrohung wahrgenommen und der Blick nicht weitergelenkt wird auf die philosophische, die kulturwissenschaftliche und sozialwissenschaftliche Dimension dieser Thematik, wird uns das Verhältnis von Eigen und Fremd, von Ich und Anderer bei einer nächsten Bedrohung schon wieder entgleiten.

Das, was man »eigen« nennt, entsteht nur in Relation zu dem, was als »fremd« erscheint: ein bestimmter Geruch, eine Hautfärbung, eine Haltung, eine »besondere« Art, sich zu bewegen, zu lachen, zu sprechen. Jedes »seltsame« Merkmal rundet das eigene Selbstbild ab, macht einen mit sich selbst vertrauter. Die Nation wird dabei zur zweiten Haut, die gegen das Fremde schützt.

Wir müssen jeder Kultur und jeder ethnischen Gruppe menschliche Würde und Demokratie (im elementarsten Sinn) zutrauen und ihnen das gleiche Recht auf ihre Lebensformen, ihre Traditionen und Visionen zubilligen. Multikulturalismus – praktiziert als Kulturbegegnung und Kulturaustausch – ist ein dynamischer Prozess *im Inneren der Gesellschaft.*

Einmal notiert Jabès, es könne keinen dauerhaften Dialog

ohne ein Gefühl der Lust geben. Und indem der Andere mich anerkenne, lehre er mich, mich selbst zu erkennen.

Ist es wertneutraler, statt vom »Fremden« vom »Anderen« zu sprechen? Von einem, von dem man erst einmal nur sagen kann, dass er *da* ist?

Fremd ist er, ja. Aber fremder, als wir uns selbst in manchen Teilen und unbewussten Regungen sind?

Den »Fremden«, der uns begegnet, schließen wir in dem Maße aus, in dem wir die Fremdheit aus unserer *Selbst*wahrnehmung ausschließen.

Wenn wir statt vom »Fremden« vom »Anderen« sprechen, fühlen wir uns vielleicht stärker aufgerufen, unseren Blick zu weiten für ihn als Teil und Mitgestalter seiner und unserer Kultur. Wir sehen dann in ihm einen, wenn auch befremdlichen Botschafter einer uns nicht vertrauten Tradition (Weltbild, Denken, Glauben, Verhaltensformen, Künste, Literaturen, Poesien …).

Aber gerade die uns fremden Poesien sind auch Instrumente zur »Erhellung«. Poesie, vor allem die Übersetzung und Vermittlung außereuropäischer Dichtung, kann die Rolle einer nicht funktionell gebundenen »Fluchthelferin« in dem Sinne einnehmen, dass sie unseren Blick auf die Geflüchteten und ihre *Kultur* weitet. Der Islamwissenschaftler und Schriftsteller Stefan Weidner, der diesen Begriff der »Fluchthelferin« als einer »veritablen Welterweiterungsmaschine« in den interkulturellen Dialog eingeführt hat, stellt auch die Möglichkeit zur Diskussion, dass »die Aufnahmebereitschaft und Vorreiterrolle Deutschlands in der Flüchtlingsfrage« auf eine von Friedrich Rückert, Johann Gottfried Herder, Johann Georg

Hamann, Goethe und anderen Dichtern und Gelehrten geleistete »geistige Vorarbeit mentalitätsgeschichtlich zurückzuführen« ist. Mentalitätsgeschichtlich heißt hier, dass der hohe Wert der Poesie als einer ursprünglich oral weitergetragenen »Muttersprache des menschlichen Geschlechts« und »Weltpoesie als Weltversöhnung« in der deutschen Kultur eine starke (und mit dem Vorderen Orient verbundene) Ausprägung gefunden hatte.

Wenigstens für Augenblicke können Poesie und Musik (oder auch nur eine Geste) eine viel*farbige* Gegenwirklichkeit zu einer Welt mit Alleinvertretungsanspruch hervorrufen. In dem Prosagedicht »Feststellung der Fremdheit« spielt Gisela von Wysocki mit dem Bild des marokkanischen Herrenschneiders »Tailleur du Sahara«, dessen Seidenstoffe (insgeheim gewollt?) Spuren auf der Haut (und nicht nur auf der Haut) des Fremden hinterlassen: »Die Stoffe, mit lichten und stäubenden Farben behandelt, hinterlassen ihre Muster auf der Haut, tätowieren sie, stempeln sie ein wenig: stechen Zeichen, streuen Gesichter.

Der Kunde kauft einen Anzug und erhält zusätzlich eine neue Haut. Eine Haut, die ihre angeborene Schwäche überwunden hat, nackt und bilderlos zu sein.«

Im Oktober 2016 notiere ich: Glücklich über einen Tag, an dem die Stimme der Poesie unüberhörbar ist und Bach in China gespielt lauter klingt als Säbelrasseln ringsum – und dies nicht nur in meinen Ohren. Und zu sehen, wie David Hockney von seinem eigenen »A Bigger Book« *thrilled* ist.

An solch einem Tag ist man geneigt, der Kraft der Schönheit und Individualität zu vertrauen. Der nächste Crash aber wartet schon auf seinen Auftritt und beharrt darauf fortzudauern.

Es gibt Augenblicke und Tage, da erscheinen uns gesellschaftliche, kulturelle und religiöse Differenzen unüberbrückbar und als Quell allen Unheils für immer festgeschrieben. Wir verstärken dann die dramatischen Unterschiede zwischen unserer Kultur, unseren Werten und Idealen und den fremden Kulturen. Sobald wir aber das Destruktionspotential auch in *unserer* Geschichte der Zivilisation erkennen und wir uns unserer selbstreflexiven, selbstkritischen Fähigkeiten besinnen, öffnet sich wieder der Blick für den Anderen, und es wächst der Wunsch nach dem Dialog *inmitten* der Differenz. *Wie* können wir verstehen, was uns und was die Anderen zu einem bestimmten Denken und Handeln getrieben hat? Die Tatsache, dass wir uns unterscheiden und uns wechselseitig als merkwürdig, ja als absonderlich vorkommen, ist das im Grunde nicht das viel Elementarere, wenn man so will: das Natürlichere als das Gemeinsame?

Es ist also viel naheliegender, von der Erfahrung der *Differenz* in unserem persönlichen, sozialen und gesellschaftlichen Leben auszugehen und ihr etwas von ihrem Makel und der Vorverurteilung zu nehmen. Ist die Differenz – und damit auch das Fremde – uns vielleicht viel näher und (allem Anschein zum Trotz) vertrauter, als wir gemeinhin glauben?

Wir können nicht anders, als das uns Vertraute, zum Beispiel unsere Heimat, den sozialen Alltag oder die Familie – so heterogen sie in Wirklichkeit auch sein mögen –, erst einmal als das Homogene zu sehen. Was dem nicht entspricht, das ist das Fremde, das Ferne, das Unvertraute, sehr schnell auch das Unheimliche. (Ein Begriff, den es in dieser komplexen Ausprägung nur im Deutschen gibt und dem Sigmund Freud nicht zufällig so viel Aufmerksamkeit geschenkt hat.) Der Fremde ist der Inbegriff all dessen, was Angst macht; an ihn heften wir alles in uns latent vorhandene Misstrauen, das wir auch gegen uns selbst, gegen unsere eigene Andersheit hegen. Wir brauchen den Fremden, um uns selbst als normal, richtig, hier zu Hause zu empfinden.

An diesem Punkt löst sich der Künstler mit aller Entschiedenheit von der Allgemeinheit. Er erfährt sich als kreativ nicht im Abwehren, sondern in der Vergegenwärtigung und Verdeutlichung des als fremd Erscheinenden. Kunst entfaltet – wie dies auf exemplarische Weise die bildende Kunst nach 1905 vorgeführt hat – einen Großteil ihrer formenbildenden Kraft gerade in der Durchdringung dessen, was uns als eigen und was uns als fremd erscheint.

Die europäische Kunst, ob bei Picasso, Klee, Brancusi oder Georges Braque, hätte sich im 20. Jahrhundert nicht aus sich heraus erneuern können. Sie hat sich mit dem fremden Nektar und der visionären Vorstellungskraft, wie sie in der außereuropäischen Skulptur zum Ausdruck kommt, vollgesogen. Sie hat die in ihr verkörperte Kraft gespürt und in den eigenen Produktionsprozess übertragen. Dabei ist sie aneignend und kreativ zugleich verfahren.

Mit der Entdeckung vor allem afrikanischer und ozeanischer Masken und Plastiken durch Picasso und die Fauvisten und durch die Ausbildung des *plastischen* Sehens bei den Kubisten wurde die Stammeskunst oder *art nègre* zum wahlverwandten Vor-Bild in der Moderne.

Während der Künstler in dieser Selbst- und Fremdbegegnung offen mit Brüchen und Zerreißproben umgeht, leben wir außerhalb der künstlerischen Praxis zumeist in der Vorstellung, wir sollten in allem Homogenität anstreben und unsere Andersheit verleugnen.

In Wahrheit aber sind wir im Uneinheitlichen, in der Verschiedenartigkeit und Heterogenität in *unserem* Element, in dem wir uns immer schon vorfinden und durchaus auch wohlfühlen. Und dies auf allen Ebenen: Kleinste Gruppen und Gemeinschaften bis zur Großform der Gesellschaft sind geprägt von extrem vielen divergierenden Verhaltensweisen, Haltungen, Positionen, Ritualen, Urteilen und Vorurteilen. Viel stärker noch gilt dies für die großen Formen, die wir als Kontinente bezeichnen. Man kann sich kaum eine gesellschaftlich und kulturell heterogenere Struktur als die des Kontinents Afrika vorstellen. Und doch tun wir so, als gäbe es *ein* Afrika.

Aber auch auf der Ebene individuellen Lebens liebäugeln wir mit dem bloßen Konstrukt von Einheiten, sprechen von einem Ich und von Identität, wissend, dass jedes Ich unendlich viele Brechungen in sich birgt und Identität nur eine, wenn auch äußerst nützliche Fiktion ist. Auch in persönlichen Beziehungen – von Freundschaften und Liebesgeschichten bis zur Ehe und Familie – mühen wir uns (oft genug widerwillig) ab an unseren Verschiedenartigkeiten. Dann aber müssen wir feststellen: Gerade im Erkennen und Anerkennen von Differenzen entwickeln wir uns und unsere Liebe weiter. In der Homogenität langweilen wir uns schnell; von einer Differenz aber fühlen wir uns belebt, inspiriert, angestachelt zu Aktivität und Kreativität. Ist so gesehen das Erleben der Differenz im Kern nicht künstlerisch?

Ein Komponist wie der großartige Luciano Berio war ein Meister der Transformation, der sogar die von der modernen Musik sehr verschiedene traditionelle Volksmusik mit in die Verwandlung von Traditionen, Tönen und Texturen einbezog. Sie aufzugreifen hieß für ihn, den Traditionen und dem gelebten Leben, den individuellen Nöten, der Trauer, dem Schicksalhaften, der Liebe und der Freude, dem kollektiven

Erleben und der Arbeit einen emotionalen Raum zu geben und nach einer untergründigen Einheit mit ganz anderen musikalischen Welten zu suchen. Eine Einheit, die aber in sich gebrochen und experimentell ist, sich auf die Probe, auch auf die Zerreißprobe stellt, sich mit der Differenz konfrontiert.

Berio und auch beispielhaft Pierre Boulez sind als Musiker Ethnologen im elementaren Sinne des Erforschens anderer Kulturen und deren Besonderheit. Auch sie machen, ähnlich wie der Ethnologe, die Erfahrung, dass das Fremdartige uns nur aus der eigenen Perspektive fremd und »exotisch« erscheint.

Der Fremde (sowie auch das Fremde) ist aber ein *alter ego* eines jeden Menschen.

Zumeist gehen wir von der Vorstellung aus, das Eigene habe per se, ohne eine Gegenfigur, eine Realität, bis wir wieder, oft genug erschrocken, feststellen müssen, wie viel Fremdheit in uns ist, angesichts so mancher Handlungen und bestürzender Traumszenarien.

Als Angehörige geographischer und gesellschaftlicher Formationen mit extrem vielen Ethnien und Religionen – heißen sie nun Afrika, Asien, Nord- und Südamerika oder Europa – sind wir eigentlich bestens historisch und in unserem kollektiven Gedächtnis auf den Umgang mit der Vielgestaltigkeit und Multikulturalität vorbereitet. Wir sind originär Künstler; also Transformer.

Erst die Spannung von »eigen« und »fremd« öffnet den Menschen zum Visionären hin und ermöglicht den »Dialog der Kulturen«. Dass dabei Widerstände auf beiden Seiten auftreten, ist nicht zu umgehen. Hochgesteckte Ziele wie die Schaffung einer »Demokratischen Weltcharta« oder einer

»Weltzivilisation« können überhaupt nur ins Auge gefasst werden, wenn man dem Faktum der Differenz eine von Grund auf positive Bedeutung verleiht.

In ihrem Wesen könnten sich alle Menschen – gleich welcher Profession – als Mitgestalter einer Welt fühlen, die uns durch ihre bis zum Platzen angespannten Destruktionspotentiale Sorgen bereitet, uns an Abgründe heranführt und in Katastrophen verstrickt. Dies *ist* aber unsere Welt. Und inmitten dieser Welt gestalten wir unablässig und öffnen uns den beglückenden Überschneidungen von künstlerischen Sprachen und Klangformen.

Auch wenn sich die Politik unablässig in eine Vielfalt von destruktiven Prozessen und Systemen verstrickt, ist sie doch auch in ihrem Kern und ihrem Potential ein kreativer Akt. Sie ist eine in Handeln übersetzte Vielstimmigkeit und Vielgestaltigkeit, eine handlungsbezogene Erforschung von Fremdheit.

Umso erstaunlicher ist es, dass Ethnologen westlicher und außereuropäischer Länder bei nationalen und internationalen Konflikten nur in Ausnahmefällen zurate gezogen werden. Über den Projektstatus ist das »Europäische Parlament der Kulturen« nicht hinausgekommen. Bislang gibt es noch kaum Erfahrungen oder gar Konzepte, lediglich Einzelaktivitäten wie die des Anthropologen Constantin von Barloewen, für die Kooperation von Innen-/Außenpolitik und Kulturtheorie/Ethnologie.

Der Mensch ist ein von Grund auf ethnologisches Wesen, das sich beständig in Bezug zum Fremden im Außen und im »Inneren Afrika« oder »wahren, inneren Afrika«, wie Sigmund Freud und Jean Paul die Seele nannten, entwirft. Niemand möchte sich letztlich allein durch das ihm Vertraute definieren. Jeder möchte ein kulturelles Wesen sein, das dank seiner schöpferischen, seiner gestaltenden Kraft Teil der Gesellschaft und eines die eigene Kultur und Gesellschaft transzendierenden Ganzen, das wir »Welt« nennen, ist.

»Welt« bedeutet vor allem ein In-der-Welt-Sein: uns auszutauschen mit anderen Menschen, Konflikte zu lösen, Schicksalsschläge zu verarbeiten und das Leben zu gestalten. Welt ist gleichzeitig unser »eigener« begrenzter Lebensraum, der Bezug zu kulturell anderen Lebensräumen, mit denen wir in einem teils zugewandten, teils abgewandten und aggressiven Austausch stehen, und ein unermesslich weiter kosmischer Raum.

Die Welt als Ganzes, in ihrer Weite und Komplexität, ist der Horizont, auf den hin das Leben in seiner jeweiligen Kultur, Geschichtlichkeit und Alltäglichkeit entworfen ist. Diese weite Dimension wird im täglichen Leben und in der nationalen Politik verkürzt: im Blick auf die eigenen Sorgen und Interessen, die konkreten Probleme des Austauschs mit »den Fremden«, den »Fremdkörpern«, die sich dort aufhalten, wo sie gemäß ihrer Herkunft »nicht hingehören« würden.

Spricht man vom Fremden, ist damit zumeist die Person des Fremden gemeint. Das Fremde benennt aber viel mehr: ein weites, zum Begehen einladendes Terrain. Ein verheißungsvolles Feld von Resonanzen und Unbestimmtheiten.

Und Verkehrungen. So erfuhr ich, dass ich, der Fremde, auf der Osterinsel, wo ich mich für einige Wochen aufhielt, zum Sprecher ihrer Traditionen, ihrer Bildhauer-Kunst, ihrer beschrifteten Holztafeln, ihrer Riten und Mythen wurde. Ich war es, der vor allem den Jugendlichen, mit denen ich zusammensaß, davon erzählte, ich hätte mit großer Neugierde gelesen, dass man ehemals die Rückkehr eines Freundes zuweilen mit Tätlichkeiten begangen haben soll und man sogar an der Heftigkeit, mit der man ihn mit Steinen bewarf, den

Grad der Zuneigung erkannt habe. Mein Interesse bestand darin, mit ihnen zusammen Differenzen in menschlichen Verhaltensweisen anzuschauen, ohne sie zu bewerten. Ich fragte meine Gegenüber, ob das Werfen mit den Steinen dem Eintreffenden vielleicht zeigen sollte, wie sehr man ihn vermisst hat. Oder vielleicht auch gegenteilig, dass man ihm seine Abwesenheit übel nahm. Oder auch, dass man Angst vor den schlechten, aus der Fremde mitgebrachten Einflüssen hatte. Ich wollte mit ihnen darüber sprechen, dass wir uns in unseren geschichtlichen Rekonstruktionen immer auch auf einem Terrain der Vermutungen, Spekulationen und Bewertungen bewegen. Und dass ich gerne von ihnen lernen möchte. Ihnen aber erschien das einfach nur befremdlich, was ich von möglichen früheren Verhaltensweisen und den überlieferten Mythen erzählte. Die Menschen, die heute in unmittelbarer Umgebung der berühmten Statuen leben, haben kaum noch einen mythologischen, historischen oder kulturell lebendigen Bezug zu ihrer ältesten Vergangenheit und zur Aussagekraft der Steinfiguren. Einmal aber, bei der sogenannten Osterinsel-Woche, wurde die Götterwelt noch einmal durch Theaterstücke, Maskentänze und Musik heraufbeschworen. Da schien wieder eine temporäre Vermittlung von fremder Tradition und selbstverständlicher Moderne möglich. Da überlagerten sich die fremd gewordenen Mythen, Zeichen und Symbole der Vergangenheit und die Sehnsuchtsbilder der Gegenwart, dargestellt zum Beispiel in der auf einmal zugänglichen Fernsehserie »Die Straßen von San Francisco«.

Eingeschlossen in jeder Erfahrung, die wir außerhalb der eigenen Kultur in einem verheißungsvollen Feld von Resonanzen, Unbestimmtheiten und Verkehrungen machen, ist immer auch eine Fülle absurder, komischer, unvorhersehbarer Begegnungen.

GREGOR CÜRTEN: Die Nacht vor der Ordnung

FREMDHEIT ALS HINDERNIS
UND ALS BRÜCKE

»Geburtsdatum, Geburtsort, Wohnort?« So ging das jeden Tag. In wie vielen Ländern. An wie vielen Grenzen! Und immer wieder die Frage nach dem Grund meiner Reise. Beruflich, privat? Und ob ich eine Adresse in ihrem Land hätte. Schließlich hatte ich mir eine Geschichte zurechtgelegt. Zu meinem eigenen Vergnügen. Eine innere Zwiesprache, um mich unabhängig von meinem Gegenüber zu machen, die mehr oder weniger in einen Satz passte und doch so ausuferte, dass die Beamten mich entweder genervt unterbrachen (»ja, ja, ist schon gut«) oder aber so fasziniert waren, dass sie mich höflich, geradezu unterwürfig, in einen anderen, »privaten« Raum führten und mir einen Tee anboten. »Also erzählen Sie...« Beides entsprach zwar nicht meinem Wunsch nach einer schnellen Aushändigung der Papiere, führte aber doch immerhin einen Schritt weiter und hob den völligen Stillstand der Prozedur vorübergehend auf.

Die Endlosschleife der Sätze, mit denen ich mich zu erklären versuchte, kreiste um die Nachwehen des Krieges auf der letzten Etappe einer fast tödlichen Flucht im Leib meiner Mutter, was viel schlimmer noch sein soll, als wenn ich dem Geschehen wissend ins Gesicht geschaut hätte. Die »Reise« aus Not muss ich wohl umgewandelt haben in ein mit Sehnsucht beladenes Unterwegssein. Sehnsucht wonach, werden Sie vielleicht fragen, und ich will es Ihnen gerne sagen, Sehnsucht nach Ausweichwelten zu der Welt meiner Kindheit, auch wenn ich um die Probleme und Konflikte in Ihrem Land weiß, so fühle ich mich doch von der Schönheit Ihrer Städte und Dörfer, Flüsse, Berge, Täler und Wüsten oder wüstenhaften Flächen, von den Menschen und Tieren Ihres Landes stärker als von irgendwas sonst angezogen, auch wenn ich jetzt etwas übertreibe, aber würde man, möchte ich Sie fragen, in ein so fremdes Land wie das Ihre reisen, ohne exotische Phantasien in sich zu tragen, frage ich Sie ...

Natürlich war ich meistens mit meiner Geschichte gar nicht so weit gekommen. Und dennoch hatte ich auf diese Weise zu manchen Beamten ein geradezu intimes Verhältnis entwickelt, was sie dazu veranlasste, mir ihr Herz auszuschütten. »Wissen Sie, mein lieber Hans, hätte ich Ihnen den Stempel bereits gegeben, wären Sie nicht wiedergekommen. Natürlich nicht. Und wem hätte ich mein Leben von Anfang an erzählen sollen? Meine Freunde interessiert das nicht. Und wie wird es jetzt sein: Wenn ich heute den Stempel in das Papier drücke, sehe ich Sie schon morgen nicht mehr wieder ... «

Dieser Beamte hatte die Chance ergriffen, in mir einen Fremden zu sehen, dem er sich anvertrauen konnte, der ein offenes Ohr für ihn hatte.

Dagegen kann schon allein der Aufdruck des Passes »Islamic Rebublic of Pakistan« eine fast unüberbrückbare emotionale Barriere errichten und den Visa-Beamten von Grund auf erschrecken, wie dies der in Pakistan geborene Schriftsteller Mohsin Hamid in seinem Buch *Es war einmal in einem anderen Leben* von einem seiner Konsulats-Besuche in New York erzählt. Er hatte sich, um von seinem Fremdsein abzulenken, die besten westlichen Sachen angezogen, aber die Sprache kam gleich auf einen unvorhergesehenen heiklen Punkt:

»Warum so viele Reisen in so kurzer Zeit?« – »Der Liebe wegen«, sage ich. »Meine Freundin ist Italienerin …« – »Ich fürchte, wir brauchen Beweise: einen notariell beglaubigten Brief und die Kopie ihres Ausweises.« – »Sie benötigen einen Brief von einer Frau, der bestätigt, dass ich ihr Liebhaber bin? …«

Ähnlich ergeht es Nigel Barley, der nicht die Existenz, sondern die Nicht-Existenz von etwas beweisen muss. In seinem Buch *Die Raupenplage* erzählt der englische Ethnologe von Situationen, in die er in Kamerun hineingeriet und die ihn spüren ließen, was es heißt, als unerwünschter Fremder angesehen zu werden, dem man zutiefst misstrauen muss:

Ich stellte mir vor, wie in den dicken Verzeichnissen unerwünschter Personen, die ich in der Kameruner Botschaft in London gesehen hatte, nach meinem Namen gesucht wurde. Der Beamte kam zurück, fing aber erst einmal an, die Reisepapiere eines Libyers von zutiefst zwielichtigem Aussehen einer genauen Prüfung zu unterziehen. Dieser Herr behauptete, »Generalunternehmer« zu sein, und besaß eine unwahrscheinliche Menge Gepäck. Mit atemberaubender Unverfrorenheit gab er als Grund für seinen Aufenthalt »die Suche nach geschäftlichen Gelegenheiten zum Nutzen des kamerunischen Volkes« an. Zu meinem großen Erstaunen wurde er ohne Weiteres durchgewinkt. Dann folgte eine ganze Kette schräger Vögel, ein grotesker Aufmarsch von Dieben, Schwindlern, Kunsthändlern – alle als Touristen verkleidet. Sie alle wurden unbesehen durchgelassen. Schließlich war nur ich noch da.

Der Beamte durchwühlte gemächlich meine Papiere. Er hatte es nicht eilig. Als er seine Machtstellung mir gegenüber

zu seiner Zufriedenheit etabliert hatte, schenkte er mir einen Blick, der von hochnäsiger Durchtriebenheit geprägt war.
»Auf Sie, Monsieur, wartet der Chefinspektor.« ...
»Monsieur, das Problem heißt Südafrika.«
Ich war ehrlich verblüfft. Was war passiert? Sollte ich als Vergeltung dafür ausgewiesen werden, dass irgendeine englische Cricket-Mannschaft in Südafrika fraternisiert hatte? Hielt man mich für einen Spion?
»Aber ich habe keinerlei Verbindungen zu Südafrika. Ich bin da nie gewesen. Ich habe dort nicht einmal Verwandte.«
Er seufzte. »Wir gestatten niemandem den Eintritt in unser Land, der die faschistische, rassistische Clique unterstützt, die jenes Land terrorisiert und sich den gerechten Forderungen der unterdrückten Völker widersetzt.«
»Aber ...« *Er hob die Hand.*
»Lassen Sie mich ausreden. Um zu verhindern, dass wir in Erfahrung bringen, wer jenes unselige Land besucht hat und wer nicht, sind viele Regime so töricht, ihren Bürgern nach einem Aufenthalt in Südafrika neue Pässe auszustellen, damit sich in ihren Ausweispapieren keine verräterischen Visa finden. Sie, Monsieur, hat man mit einem nagelneuen Pass ausgestattet, obwohl Ihr vorheriger noch gar nicht abgelaufen war. Für mich ist klar, dass Sie in Südafrika waren.« ...
»Aber ich war nicht in Südafrika.«
»Können Sie das beweisen?«
»Natürlich nicht.«
Wir wendeten das logische Problem, wie sich etwas Nichtexistentes beweisen lässt, hin und her, bis der Inspektor – ganz unvermittelt – genug hatte von unserem handgestrickten Philosophieren. Mit wahrem bürokratischem In-

genium brachte er einen Kompromiss in Vorschlag. Ich sollte mündlich meine Bereitschaft zu einer schriftlichen Erklärung erklären, dass ich nie in Südafrika gewesen sei. Das würde reichen. Die Eidechse bekundete durch Nicken ihre begeisterte Zustimmung ...«

Im Anschluss an eine Reise nach Indonesien verfolgt Nigel Barley das ambitionierte Projekt, von vier indonesischen Holzschnitzern im Londoner Museum of Mankind aus Originalmaterialien eine Reisscheune nachbauen zu lassen. Barley trotzt allen Schwierigkeiten, verschifft Unmengen von Bambus, Steinbrocken und Dachbelag und fliegt mit seinen Freunden nach Europa. »Freunde« ist in diesem Fall keine europäische Anmaßung. »Zu den vielen netten Eigenschaften der Indonesier gehört ihre Unfähigkeit zu abstrakten förmlichen Beziehungen ... Binnen einer Woche ist man Mitglied der Familie und teilt alle Sorgen mit ihr ... Die Beziehungen sind im Nu von einem Schwall warmen Gefühls durchtränkt.« Diese Nähe ist es schließlich, die die Realisierung seines Projekts ermöglicht.

Da es ihm nur rechtens erscheint, dass die Holzschnitzer in London bei ihm zu Hause wohnen, so wie er auch ihr Gast gewesen ist, lernt er jetzt seine eigene Gesellschaft mit den Augen derer zu sehen, die ihm oft genug so eigenartig und fremd vorgekommen sind. Die meisten Probleme ergaben sich gerade dadurch, dass sich die ihnen bekannten und die ihnen neuen Phänomene ähnelten, in Wirklichkeit aber grundverschieden waren. Vieles, was uns selbstverständlich geworden ist, versetzte sie in Erstaunen, zum Beispiel unser mangelnder Respekt vor Politikern; dies veranlasste sie zu der Äußerung: »England ist ein Ort, wo keiner den anderen achtet.«

Mit einem Schock reagierten sie auf die Tatsache, dass nicht alle Europäer reich sind, dass nicht alle Briten eine weiße Hautfarbe haben und dass es im Klassifizierungssystem des normalen Engländers keine Rubrik »Indonesier« gibt und sie deshalb immer für »Chinesen« gehalten wurden. Was sie wirklich an den Errungenschaften unserer Zivilisation faszinierte, waren nicht die Autos und die Wolkenkratzer, sondern die Zentralheizung und die Fertigkeiten der Maurer, die Tatsache, dass sie durchs *englische* Telefon auf *Indonesisch* miteinander reden konnten, außerdem die Knäufe unten am Treppengeländer in den Pensionen. »Was den Menschen an anderen Kulturen auffällt, ist schlechterdings nicht vorherzusagen.«

Als mich einmal ein Taxifahrer vom Flughafen nach Hause fährt, wage ich die direkte Frage: Kommen Sie aus Pakistan? Er ist erstaunt und will wissen, woran ich seine Herkunft erkenne. Ich sage, wenn ich mich nicht näher mit den unterschiedlichsten Kulturen und Ethnien beschäftigt hätte, würde ich ihn sicher für einen Inder gehalten haben, da man in Europa die Kategorie »Pakistani« höchst selten zur Verfügung hat. Er erzählt mir, wie sehr er darunter leide, als letztlich gar nicht vorhanden angesehen und meist als Araber, zum Beispiel aus Ägypten, angesprochen zu werden.

Die Fremdheit haftet an jedem Menschen auf eine schwer vorherbestimmbare Weise.

Und sie kann, gleichsam virtuell, in jedem geschichtlichen Augenblick *innerhalb* einer Gesellschaft erzeugt werden.

Die Verkehrung des Nahestehenden in einen Fremden ereignet sich 2016/17 – im Sinne einer ersten oder erneuten Initialzündung – besonders auffällig unter den Katalanen und

Spaniern, unter den Türken in der Türkei und in Deutschland, unter den Befürwortern beziehungsweise Gegnern der AfD. Aus einem Freund und Verbündeten kann von einem Tag auf den anderen ein deutlich konturierter Fremder mit dem Stigma des Verräters (der Nation, der Ehre, der Tradition, der Autonomie, des »Eigenen«), ein Faschist, Terrorist und Ewiggestriger werden.

Die maßlose Verzerrung und Überhöhung der Differenz von Eigen und Fremd greift auf elementare Weise in das Gefühl der Zusammengehörigkeit und das Gemeinschaftsleben ein. Der Kampf gegen den vermeintlich Fremden wird täglich neu in Szene gesetzt, so lange, bis sich das Gegeneinander als Normalität etabliert hat und Differenz ausnahmslos gleichbedeutend mit Unheil geworden ist.

Die Vertrautheit unter Menschen ist nicht die Regel, sondern ein (beglückender) Ausnahmezustand. Die Regel ist vielmehr – dieser Gedanke zieht sich als ein Leitmotiv durch dieses Buch –, sich einander fremd zu fühlen, ohne dass dieses Gefühl ein Hindernis für das Zusammensein bedeuten müsste. Im Gegenteil. Im Gegenteil?

Sowohl in der eigenen Gesellschaft als auch in uns fremden Kulturen lässt sich oft ein überraschend gelingendes Miteinander gänzlich ungleicher Partner beobachten. Einmal erlebte ich, wie sich ein quicklebendiges vierjähriges Kind und ein neunzigjähriger blinder und schwer gehbehinderter Mann, die in völlig unterschiedlichen Welten lebten, wunderbar verstanden – und einander halfen.

Fremdheit stellt also ein Hindernis, aber auch eine Brücke, auch innerhalb einer Gesellschaft, dar. Nur haben es individuelle positive Erfahrungen im Umgang mit dem Fremden schwer, sich Gehör zu verschaffen, wenn das globale Problem der Migrationsbewegungen in seiner angsterregenden Unüberschaubarkeit alles überschattet. Der Blick für das Besondere des Gelingens der Integration und das bedeutsame Detail ist zurzeit auf extreme Weise getrübt.

Der Fremde ist ein Namenloser. Zuweilen verstärkt aber sogar noch sein (uns unvertrauter) Name – sofern man ihn kennt – dessen Andersartigkeit. Und dennoch muss sich der Fremde im Bewusstsein seiner Stärke mit seinem Namen als Angehöriger seiner Kultur vorstellen. So wie wir es in den sozialen und alltäglichen Situationen unserer Kultur mit Selbstverständlichkeit tun.
Und wie ergeht es *uns*, als namenlosen Fremden, anderswo?

Während längerer Aufenthalte in Niger und Mali ärgerte ich mich darüber, dass man mir auf den Märkten wie selbstverständlich Kamelfleisch anbot, das selbst nach endlos langem Kochen oder Braten so hart geblieben war, dass man sich daran die Zähne hätte ausbeißen können. Einmal traf ich einen schwedischen Reisenden, der mit seinem Bus wegen einer gebrochenen Achse und eines defekten Getriebes schon seit Monaten festsaß. Wir spazierten zusammen über den Markt, und danach lud er mich in seinen Bus zum Essen ein. Ich konnte es nicht fassen, welch ein wohlschmeckendes und leicht zerlegbares Fleisch er mir servierte. Ohne dass ich ihn fragen musste, sagte er: »Ich bin für die Marktbetreiber der mit dem Bus. Nicht irgendein namenloser Fremder.« Am nächsten Tag ließ ich mich auf ein nicht ungefährliches Experiment ein: Ich warf mein Schweizer Messer auf ein Brett am hinteren Rand des Standes und traf es tatsächlich – es blieb sogar im Holz stecken. Bewundernde, auch fragende

Blicke richteten sich auf mich. »Das hier ist wirklich ein Messer«, sagte ich triumphierend, »anders als eure stumpfen Dinger.« Von da an war ich der mit dem Messer und erhielt nur bestes Fleisch. Ich blieb der ihnen suspekte Fremde – was tut der überhaupt hier? –, wurde aber jetzt als Person mit einem mir selbst unvertrauten »Namen« wahrgenommen.

Auf eine andere unvorhergesehene Weise hatte sich der Schleier suspekter Fremdheit über mir ausgebreitet, als ich in einem Transportflugzeug der Deutschen Bundeswehr, die während der langen Periode extremer Dürre in Mali Hilfsgüter verteilte, von Lagos nach Mali, verstaut im Laderaum zwischen den Getreidesäcken, mitflog. Die Crew konnte sich nicht erklären, warum ich nicht am selben Tag von Timbuktu aus wieder mit zurückflog. Als ich dann nach einigen Wochen am Flughafen »auftauchte«, weigerte sich der Pilot (von dem die Tauchmetapher stammte), mich an Bord zu nehmen: Ich war für ihn zu einem höchst verdächtigen *namenlosen* Fremden geworden, der sich den Titel Ethnologe nur zur Tarnung zugelegt hatte, um in Mali, diesem unsicheren Land der »Hungerleider« (wie er sagte), »Spionage« zu betreiben. Meine Frage, was er mit »Spionage« meine, interessierte ihn nicht. Erst als ich ihm einen Deal anbot, ihm in Lagos eine dem Weißen unzugängliche Seite der Stadt zu zeigen, willigte er ein – und verfrachtete mich doch wieder zwischen die, jetzt leeren, Getreidesäcke, denn ein Fremder war ich für ihn geblieben.

Empfundenes Befremden ist von einer Konstanz, die sich zumeist nur partiell, nur unter bestimmten Bedingungen, aufzulösen beginnt. In dem bereits erwähnten abgelegenen spanischen Küstenort wurde ich wegen meiner »Fähigkeiten«

nicht gerade geschätzt: den ganzen Tag über an einem Tisch zu sitzen und zu schreiben – was eigentlich? – und nur zwischendurch im Meer (dem gegenüber die Einheimischen sehr skeptisch und ängstlich waren) zu schwimmen.

Über die Jahre hinweg aber hatten wir uns aneinander gewöhnt und miteinander vertraut gemacht. Einige von ihnen hatte ich lieb gewonnen, »in mein Herz geschlossen«, wie man sagt, und übte mich darin, ihnen nachzusehen, dass sie im Geist immer noch Anhänger von General Franco waren. Einmal entdeckte ich eine Kiste mit Schulbüchern, in denen die Geschichte und Mentalität der alten Diktatur immer noch »lebendig« waren. Aber ich entdeckte auch die Gedichte von Pablo Neruda und die spanische Erstausgabe von Albert Camus' *Der Fremde* – so las ich dieses Buch zuerst auf Spanisch. Welch ein wundersamer Synkretismus!

Da tauchte eines Tages der Polizeichef und mit ihm (zur Unterstützung?) der Bankdirektor – beide hoch gehandelte Autoritäten – auf dem Marktplatz des Dorfes auf. Sie fragten die vier alten Männer, die ihre Tage auf einer Bank sitzend verbrachten, wo das Haus des Fremden sei. Sie zeigten es ihnen und verbreiteten, mit größtem Eifer und so schnell sie die Füße trugen, *die* Nachricht des Tages: Der Fremde wird verhaftet.

Als wir gemeinsam nach einigen Stunden ineinandergehakt, schwankend, weinselig und singend zurückkamen, hatte sich das ganze Dorf versammelt. Im Grunde hatten sie doch dem Fremden immer schon misstraut und hätten letztlich seine Verhaftung begrüßt. So wären sie dann doch wieder unter sich gewesen.

Zuerst waren sie also enttäuscht. Wochenlang musste ich immer wieder die Geschichte erzählen, dass der Polizeiboss und der Bankchef sich von mir gewünscht hatten, dass ich ihnen in Deutschland für ihre Mercedes-Oldtimer eine Luxusausführung von Chromfelgen besorge und sie beim nächsten Mal mitbringe. So trat an die Stelle der Enttäuschung, nicht der gefährliche Fremde zu sein, ihr Werben um den Fremden, der von den Autoritäten hoch geschätzt wurde – aus welchem Grund spielte da keine Rolle.

Eines Tages geschah etwas, das eine noch grundlegendere, das ganze Dorf betreffende Veränderung zur Folge hatte. Nicht, dass sie mit dem »Exoten« plötzlich sympathisiert hätten, wobei ich erst sehr viel später wahrnahm, dass sie sich auch untereinander voller Skepsis, Misstrauen und Intrigen begegneten. An ihrem tief verwurzelten und jederzeit wieder aktivierbaren Befremden mir gegenüber hatte sich nichts geändert. Aber sie hatten jetzt eine Fähigkeit an mir entdeckt, die sie auf einmal zu schätzen wussten, weil sie ihnen von Nutzen sein konnte. Mit meinen Sprachkenntnissen sollte ich ihr Dorf für den Tourismus erschließen. Sie bräuchten dringend jemanden, ließen sie mich wissen, der sie öffentlich repräsentiert.

Schließlich setzte ich ein Schreiben auf und fuhr, mit fünf Dorfvertretern im Schlepptau, zum Bürgermeister in die Hauptstadt. Erst als er mich wahrnahm, inmitten der von ihm nur mit Missachtung bedachten Dörfler, die trotz ihrer feinen Sonntagsanzüge unschwer als solche zu erkennen waren, wandte er sich ihnen, die hier, in der Hauptstadt, auch Fremde waren, zu. So war ich für beide Seiten nützlich geworden.

Mir fiel diese Geschichte Ende Februar 2016 wieder ein, als in einer Fernsehsendung ein sächsischer Bürgermeister enttäuscht davon berichtete, dass die Integrationsbemühungen von Flüchtlingen in seinem Dorf fehlgeschlagen seien. Als Beispiel erwähnte er einen achtundzwanzigjährigen

Afghanen, der schon nach einem Tag sein Praktikum in der Holzfabrik des Dorfes abgebrochen hatte, mit der Entschuldigung, nach acht Stunden so erschöpft gewesen zu sein, dass er sich kaum noch hätte bewegen, geschweige denn zum Fußballspiel hätte gehen können. Wichtig ist, die Fähigkeiten des Fremden anzusprechen, welche auch immer das sein mögen. Beide Seiten müssen von dem Arrangement profitieren. Das ist der Horizont, unter dem Integrationsbemühungen unternommen werden können. Fremd werden sie sich untereinander bleiben. Das aber ist nicht das Problem. Im Gegenteil.

Ich erinnere mich an eine Fernsehsendung in den 90er Jahren: Die Moderatoren der Sendung, in der Jugendliche aus dem In- und Ausland über Fremdenfeindlichkeit diskutieren, drängen zu praktischen Handlungsanweisungen. Statt Erklärungen sollen jetzt, sagen sie, Taten folgen.

Eine solche Tat, getragen von Einsicht in die Notwendigkeit singulärer Begegnungen, war damals zum Beispiel ein deutsch-türkisches Kulturprojekt, das praktisches Tun an einen emotionalen und geistigen Austausch koppelte: Zwanzig Skinheads und Sympathisanten der rechten Szene aus Hoyerswerda und Rostock wurden von türkischen Jugendlichen zu einer dreiwöchigen Reise in die Türkei eingeladen und als Gäste in ihrer Heimat bewirtet und herumgeführt.

Im Verlauf der Tage löst sich die Rede vom »Ausländerzeug« und von den »Scheißausländern« ganz punktuell, allein auf diese türkischen Jugendlichen bezogen, auf. Sie werden von den Skinheads aus der Masse derer ausgenommen, denen ihr Hass gilt. In der Türkei geraten sie dann selbst in die Rolle von Fremden, zeigen sich emotional bewegt und zugleich voller Angst, vor allem bei der Grenzkontrolle und bei der Konfrontation mit einem Angehörigen der Opfer eines Brandanschlags. Dieser Mann tritt ihnen versöhnlich gegenüber, was sie so sehr verunsichert, dass sie vermuten, in Wirklichkeit tarne er nur seine wahre Absicht eines Anschlags auf sie.

Sie nehmen nach und nach die Rolle von Touristen an, sagen von jedem Türken, den sie persönlich kennenlernen, der sei eben anders als *die* Ausländer. Die freundschaftliche Begegnung mit dem Einzelnen ändere nichts an ihrer ablehnenden Haltung gegenüber den Asylanten, also denen, die nicht deutsch sind und sich in Deutschland nur bereichern wollen.

Gleichgültig, ob solche Projekte der 90er Jahre von der politischen Entwicklung überholt worden sind und in einer Situation sich steigernder totalitärer Machtphantasien und sich zuspitzender Hetze, Gewalt und Gegengewalt überhaupt nicht mehr als realisierbar erscheinen, führen sie uns doch überdeutlich die Versäumnisse einer Gesellschaft vor Augen, ein Bewusstsein für den Wert einer mehrkulturellen Mentalität zu fördern.

Gegenwärtig wird eine solche Bewusstseinsbildung noch durch den inflationär gebrauchten Begriff des »Terroristen« erschwert: Die notwendigen Abgrenzungen zum Terrorismus mit radikalisiertem islamistischem Hintergrund werden auch von denjenigen Politikern untergraben, die fordern, im »Fremden« grundsätzlich den möglichen Terroristen zu erkennen.

Man erinnere sich: Nach dem Anschlag in London (im Juli 2005) wird in der Hektik der Fahndung ein Mann von der Polizei irrtümlich erschossen, weil er in ihren Augen dem Typus des Terroristen entsprach: er soll weggerannt sein, sah fremdartig aus und trug, trotz des warmen Wetters, eine Daunenjacke.

Was macht aus einem Menschen einen verdächtigen Fremden, einen vermeintlichen Terroristen gar?

Zuerst hieß es, der »asiatisch« aussehende Mann habe auf die Anweisungen der Polizei, stehen zu bleiben, nicht reagiert und versucht, in einen U-Bahn-Zug zu springen. Man habe ihn daraufhin, entsprechend der Anordnungen, gezielt in den Kopf geschossen. Aber warum gleich fünf Mal? Hat man ihn nicht nur getötet, sondern gelyncht, niedergestreckt wie ein wildes Tier, dem man zutraut, noch im Todeskampf Menschen zu töten? Eine Zeitung sprach von »Hinrichtung«. Wie viele Menschen eilen morgens durch Bahnhöfe, um rechtzeitig zur Arbeit zu kommen? Schließlich mehren sich die Zweifel an der Darstellung der Polizei. Die BBC berichtet nun, der Mann habe sich überhaupt nicht verdächtig verhalten, sei nicht vor der Polizei geflüchtet und habe auch keinen Widerstand geleistet.

Vielleicht erinnern wir uns noch an die Anschläge von Casablanca (2003) oder von Madrid (2004) und in den Folgejahren auch in Paris und Barcelona und und … Zu stark werden wir vom täglichen Katastrophenfilm in Anspruch genommen, um alle Aufmerksamkeit der Komplexität und Fraglichkeit richtiger und falscher Tatzuschreibungen zu widmen und das vermeintlich »Typische« eines »Täters« infrage zu stellen. Im Vorstellungsraum vieler Menschen sind »der Fremde«, »der Täter«, »der Terrorist« und »der Flüchtling« auf unheilvolle, Angst und Hass verstärkende Weise ineinander verwoben.

Für den Geflüchteten selbst haben sich die alte Angst des ungewissen Aufbruchs und die gegenwärtige Angst, von Grund auf verdächtigt zu werden und durch bloße Anwesenheit Misstrauen zu erwecken, miteinander verknüpft. Der ihm auferlegte Zwang, sich für sein Hiersein rechtfertigen zu müssen (ohne dass seine Antworten eigentlich erwünscht sind), das verinnerlichte Asylbegehren und die Sehnsucht nach Normalität sind Teil seines Alltagslebens geworden. Die tagtägliche Erfahrung eines Mangels lässt ihn, unterschiedlich stark ausgeprägt, nicht mehr los. Mangel statt Gemeinsamkeit. Oder wie Ilija Trojanow in seinem an Eindrücken und Einsichten reichen Buch *Nach der Flucht* notiert: »Etwas Essentielles teilt er nicht mit den Einheimischen.«

Der fremde Name (der seine Herkunft verrät) und die Sprache (in der Fragen beantwortet werden) gehören zu den Dreh- und Angelpunkten, an denen die Einheimischen eine Vorentscheidung über Willkommensein oder Ablehnung treffen und an denen der Angenommene oder Abgewiesene seine empfindliche Seele am deutlichsten spürt und sich am stärksten auf sich zurückgeworfen fühlt.

Ilija Trojanow, der, wie er sagt, von den Eltern »mit der Flucht beschenkt« wurde, hat im Inneren dieser schicksalhaften Dynamik eine Sprache gefunden, die ebenso die Erschütterungen wie den Atem der Freiheit und Souveränität spüren lässt. Dazu gehört auf elementare Weise die Befreiung von der empfundenen Scham, von woanders herzukommen, nicht »richtig« zu sprechen, nicht so, wie man es hierzulande tut, und dabei die latente Infragestellung im Nacken zu spüren, warum man überhaupt hier sei, ohne je eine Einladung erhalten zu haben.

Selbst die grausamsten Bilder im Fernsehen setzen sich offenbar nicht so nachhaltig im Bildgedächtnis der Zuschauer fest, dass sich diese Fragen erübrigten. Die »Einheimischen« setzen die Ängste, die Scham und den Wunsch der Geflüchteten, unauffällig zu bleiben (solange die Andersheit von ihnen als vernichtender Makel empfunden wird), nicht in Beziehung zu den eigenen Ängsten; und nicht zu ihren Schamgefühlen und den Wünschen, die sie auch einmal hatten oder vielleicht noch haben. Dies mag auch den zumindest zeitweiligen Wunsch erklären, möglichst nicht aufzufallen und, trotz aller Besonderheiten, die man von sich selbst kennt und wertschätzt, nicht Objekt von Grinsen und Grimassen, Tuscheln, Herabsetzung und Ausgrenzung sein zu wollen.

Welch eine Verkehrung der realen Situation aus der Sicht des Geflüchteten: Er kämpft mit seiner Angst und Einsamkeit und trifft auf Menschen, die *zu Hause* sind und Angst vor *ihm* haben. Wie soll sich da »das Rettende« ereignen? Immer wieder kommt es auf die Sprache und die ihr innewohnende »Ermächtigung« und »Selbstverteidigung« an: die Sprache so zu lernen, dass er sich nicht schon im Vorhinein schämen muss.

Dieser Wunsch und die »fürsorgliche Beziehung zur Sprache« können so stark werden und eine energetische Fülle zur Entfaltung bringen, dass dies sogar den Einzelnen und sein persönliches Schicksal übersteigt, auf die Struktur der Sprache übergreift und einen überzeugenden Prozess der Emanzipation und Einflussnahme einzuleiten in der Lage ist.

Vielleicht am weitestgehenden formuliert von dem 1931 geborenen kongolesischen Dichter Tchicaya U Tam'si: »Frankreich hat mich kolonisiert. Jetzt habe ich die französische Sprache kolonisiert.« Er hat sie bereichert mit anderen Bildern, Symbolen und Rhythmen des afrikanischen Naturerlebens. Mit neuen, noch unverbrauchten sprachlichen Verknüpfungen und Transformationen hat er in die Struktur des Französischen eingegriffen und auf diese Weise seiner (und nicht nur seiner) Kindheit die Bühne für eine Re-Inszenierung geschaffen. Und dennoch lässt das Gefährdetsein und Angegriffenwerden den, der sein Land – aus welchen Gründen und unter welchen historischen Bedingungen auch immer – verließ, nicht mehr los.

Jeder, der die Erfahrung der Flucht und des Aufbruchs in eine ihm fremde Kultur und Sprache gemacht hat, ist angewiesen auf emotionale Gefährten und geistige Lehrer. Für Tchicaya U Tam'si war es unter anderem Léopold Sédar Senghor; für den 1929 in China geborenen François Cheng (mit neunzehn Jahren nach Paris gekommen, ohne ein Wort Französisch zu sprechen) war es Roland Barthes. Als Dreiundsiebzigjähriger wird er in die Académie française gewählt und hat eine neu belebte französische Sprache geschaffen, mit der er zum Lehrer seiner Lehrer wurde. Und auch der 1911 geborene E. M. Cioran sprach kein Französisch, als er 1937 von Siebenbürgen nach Paris aufbrach und sich gleich an den größten Meistern der französischen Sprache orientierte. So entfaltete er eine unbegrenzte Kühnheit im Umgang mit Sprache und Kultur, die den Schmerz des Andersseins auf eine geistige Stufe hob. Oder Georges-Arthur Goldschmidt: Mit zehn Jahren (sechs Monate vor der Pogromnacht) von den Eltern ins Exil geschickt, entdeckt er in der Sprache Rousseaus die Möglichkeit, die an sich selbst erlebte Fremdheit zu ertragen. Später wird Herta Müller sagen: »Arthur Goldschmidts Sätze funkeln ins Unerlaubte... Ich kenne kaum einen Autor, der so ein Deutsch schreibt, dass einem das Herz in den Kopf pocht. Und keinen, der jedes deutsche Wort so schrecklich teuer bezahlt hat.«

Mein Austausch mit Goldschmidt, Jorge Semprún, Imre Kertész oder György Konrád und ihren existentiellen Erfahrungen des Vertriebenwerdens und Ausgesetztseins war immer auch eine mir auf diese Weise gewährte innere Nähe mit der eigenen Erfahrung abgründiger Fremdheit und der Rettung durch die Sprache.

Die Beispiele der Sprachbemächtigung ließen sich bis zum heutigen Tag fortführen. Wie vielen aus Ländern des Balkan, aus dem Nahen und Fernen Osten und aus afrikanischen Ländern Geflüchteten und in eine andere Sprache, in ein anderes Leben Gereisten bin ich begegnet und habe deren Bücher gelesen, die bedeutungsvolle Zeugnisse einer friedvollen, aber heftigen Ankunft in der Sprache, einer *Ankunft-im-Woanders-Sein* sind! Zum Beispiel die Arbeiten des 1964 in Ostberlin geborenen irakisch-deutschen Schriftstellers Sherko Fatah und des 1971 in Pakistan geborenen Mohsin Hamid, beide, wie Ilija Trojanow, Viel-Welten-und-Sprachen-Sammler-und-Erzähler. Für Sherko Fatah ist Literatur Ausdruck von Fremde: »Was ich nicht verstanden habe, habe ich beschrieben.« Wenn dem Menschen bewusst werde, dass er selbst nur Gast ist, entstehe Poesie.

So wie Ilija Trojanow und Sherko Fatah hat sich auch Mohsin Hamid aus der affirmativen Umarmung mit dem Vertrauten dank der Sprachen befreit. Sie streiten mit ihren Büchern für die Freiheit, sich *selbst zu erfinden* in der Ablösung vom Konstrukt der Zugehörigkeit zu einer bestimmten Kultur und Nation. Dann beginnt ein oft abenteuerlicher Austausch zwischen den Zeichen, Wörtern und Gestaltungen in der Muttersprache und den neuen Sprachen, die selbst auch Muttersprachen sind, sofern sie in der engen emotionalen Bindung an die Mutter erlernt wurden.

Einmal beschreibt Ilija Trojanow die Nähe von Kindheit und Muttersprache und das Gefühl, sich unmittelbar aus der Kindheit in die Fremdsprache über-setzen zu müssen. Dann, in der anderen Sprache, ist es, als sei es nicht mehr seine Kindheit, sondern »ein Mummenschanz mit lauter stummen Ahnen«. An anderen Tagen fühlt es sich an,

> *als bekämpften sich die Sprachen in seinem Kopf, weil sie nicht zugleich und gleichberechtigt nebeneinander spalieren können ... Stets ist eine seiner Sprachen ein Schatten ihrer selbst ... An schwülen Tagen ist die Muttersprache eine Fischgräte und die Neusprache ein Stück Brot, an dem er kaut, beharrlich, ohne dass die Gräte sich löst. Bei Föhn verliebt er sich in die fernen Worte ...*

Ein anderer Schriftsteller erzählt, dass er lange Zeit das Deutsche seine zweite Sprache genannt hatte, gegen sein besseres Wissen und Fühlen, dass im Mutterleib schon dieser andere Klangraum geschaffen worden war.

In den Sprachen und zwischen ihnen, in den dichterischen Transformationen und Transfers erschließen die Schriftsteller, die aus einer anderen Kultur kommen, eine Tiefe und Vielgestaltigkeit, die weit über das eigene Schicksal hinausreichen, in die *Struktur* und in den vielgestaltigen kulturellen Kern unserer Gesellschaft eindringen, diesen verändern, verschönern und bereichern.

»Ankunft« ist das viel-facettierte, hoch besetzte Sehnsuchtswort derer, die Kulturen wechseln. Es gibt nicht den einen Weg, nur das Ausprobieren eines individuellen Wegs. Wagt zum Beispiel eine geflüchtete Frau zum ersten Mal den Schritt, Einheimische zum Essen bei sich zu Hause einzuladen, ist es, als ob sie ihre »Ankunft auftischte«. Auf dieser Ebene findet der emotionale Austausch der Geflüchteten mit den hier »Ansässigen« statt, bei gleichzeitigen, auch von Notlügen mitbestimmten Telefonaten oder Briefen mit den Zurückgelassenen, wie sie Ilija Trojanow einmal zitiert:

> *Mutter, im Neuland ist es wunderschön. Vater, im Neuland sind wir bestens versorgt. Mutter, könntest Du uns doch nur besuchen, um zu sehen, wie unser neues Heim eingerichtet ist, mit allem ausgestattet, was das Herz begehrt …*

Wie abstrakt dagegen die Forderungen an die Flüchtlinge sind: bedingungslos aufmerksam und zielstrebig müssten sie ihre Integration betreiben. Diese Forderungen abstrahieren von deren *innerer* Realität. Auch wenn nicht alle durch die Umstände der Flucht traumatisiert worden sind, so gehen ihre Gedanken doch immer wie in einem beständig mitlaufenden Film zu denen, die sie verloren haben, und denen, die zurückgeblieben oder an ihnen nicht bekannten Orten sind. Die auf diese Weise eingeschränkte Energie erschwert das Erlernen einer anderen Sprache und Kultur, ganz abgesehen von persönlichen oder sozialen Hindernissen und Konflikten, die *jedes* Kind, *jeder* Jugendliche oder Erwachsene auch unter anderen, weniger dramatischen Bedingungen zu bewältigen hat.

Aeham Ahmad trägt jeden Tag in einem von jeglicher Versorgung abgeschnittenen Stadtteil von Damaskus sein Klavier auf die Straße und spielt inmitten von Trümmern konzertante Musik, um sich und den anderen Menschen »Hoffnung zu geben«, und der Welt vor Augen zu führen: »… auch in Jarmuk kennen wir Musik.« Auf eine private Initiative hin kommt er nach Deutschland, tritt hier auf großen Bühnen auf und ist doch in Gedanken unentwegt bei seiner Familie, die weiter im Grauen des Krieges verharrt. 2017 erscheint sein Buch *Und die Vögel werden singen.*

Kilian Kleinschmidt, ein mutiger Einzelkämpfer, der unter anderem im Auftrag der Vereinten Nationen arbeitet, hat ein Flüchtlingslager in Jordanien ganz neu strukturiert, die Flüchtlinge aus ihrer Opferhaltung herausgelöst und sie in die Eigenverantwortung geführt. Er hat sie in dem Wunsch nach einem eigenen, ebenso individuell wie kollektiv ausgerichteten Leben bestärkt und mit ihnen zusammen eine eigene Stadt aufgebaut. Die Selbstbefreiung aus der Rolle der Almosenempfänger ist die Voraussetzung für einen veränderten Blick derer, die von außen auf die »Fremden« schauen.

Wenn ich an die schier grenzenlose und bedingungslose Gastfreundschaft zurückdenke, die ich fast immer überall auf meinen Reisen erfahren habe, wünsche ich mir nichts mehr, als dass die Geflüchteten die Chance erhielten, sich persönlich einem Bürgermeister, einem Polizeichef oder Polizisten, einem Chefarzt oder Pfarrer, einem Parteivorsitzenden, Bundestags- oder Landtagsabgeordneten vorzustellen und ihm direkt mit seinem Anliegen gegenüberzutreten – so wie es mir vor meiner ersten Afrikareise ein hochgeschätzter Ethnologe geraten hatte: »Wenn du in ein entlegenes Dorf kommst, frag nach dem Dorfältesten und statte ihm zuerst einen Besuch ab.« Zurückgekehrt von dieser ersten Afrikareise, hatte sich in mir eine Geste – den Fremden in alltäglichen Situationen willkommen zu heißen, ihm grundsätzlich den Vortritt zu lassen – durchgesetzt. Der Philosoph Emmanuel Lévinas hat das »Asymmetrie« genannt und ist damit sogar noch über die Forderung nach einer Gleichbehandlung der Einheimischen und Fremden hinausgegangen. Ich muss aber zugleich hinzufügen, dass mir dies nicht immer gelungen ist und ich nicht vor unbedacht geäußerten Aggressionen und Vorurteilen gefeit blieb, bis in den spontanen Gebrauch banalster Klischees hinein. Ohne ein Versagen, ohne Schamgefühle war also auch diese Haltung nicht zu haben.

Einmal, in einer kurzen Phase der von überraschend vielen Deutschen ausgerufenen »Willkommenskultur«, hatte man eine Ahnung von dem für beide Seiten bereichernden ersten privaten Austausch – auch wenn es sich noch nicht um praktische Maßnahmen, sondern erst nur um *Gesten* der Freude und des Verstehens handelte.

Ist inzwischen diese Ebene überschaubarer Begegnungen und Annäherungen, dieses situative Ausbalancieren von Eigen und Fremd auf lange Zeit verloren gegangen: in der Folge einer gesellschaftlichen Erschütterung und Polarisierung, ausgelöst von einer in Heftigkeit und Schnelligkeit unerwarteten Migrationsbewegung und dem Erstarken radikalisierter rechtspopulistischer Gruppierungen und Parteien? Für immer verloren ist diese Ebene nicht. Überall in Europa entstehen vorbildliche lokale Integrationsprojekte wie etwa die neuen Kooperationsformen von Einheimischen und Fremden in der belgischen Kleinstadt Mechelen unter dem weit über die Grenzen hinaus bekannt gewordenen Bürgermeister Bart Somers.

Bei Politikern besonders beliebt geworden ist der bei jeder Gelegenheit demonstrativ hervorgekehrte besorgte Blick auf die Angst der Einheimischen. Was hat es mit der von so vielen Bürgern reklamierten und von politischen Gruppierungen funktionalisierten Angst angesichts von zu viel(?) Fremdheit auf sich?

Die Angst kann auch in ein lustbesetztes Gefühl und aggressives Verhalten (*thrill* oder Angstlust) verkehrt werden, wenn Flüchtlingsheime angezündet, die Feuerwehr behindert und ein Bus mit Flüchtlingen bedroht, in Angst und Panik versetzt und mit Hassparolen »begrüßt« werden.

Wenn wir unsere medial multiplizierte Wahrnehmung auf die täglichen weltpolitischen Geschehnisse richten, haben wir den Eindruck, dass nie mehr Gewalt und Hass war als heute. Dieses Gefühl hat seinen Grund darin, dass wir in der Gegenwart diese Abgründe menschlichen Tuns und Empfindens medial und scheinbar unmittelbar miterleben. Dabei rückt der Hass in seinen national und religiös manifestierten Formen, in seinen kriegerischen und perversen Ausdrucksformen so sehr in den Vordergrund, dass das selbst erlebte, singuläre Gefühl von Hass als vernachlässigbar erscheint.

Mit der Angst verhält es sich genauso: Ängstigen wir uns vor der uns übermächtig vorkommenden Fremdheit in ihrer politischen und sozialen Dimension, rücken unsere alltäglichen, privaten Angstempfindungen (bestraft oder vernachlässigt, verlassen und vergessen zu werden, zu versagen, zu scheitern, zu altern oder durch eine plötzliche Krankheit viel zu früh zu sterben) in den Hintergrund. Auch unterschätzen wir dann schnell die Angst als Orientierungshilfe und als eine Grundbefindlichkeit des Menschen, des menschlichen Seins gegenüber allen anderen Seinsformen. Bekannt ist die pathetische Überhöhung des Philosophen Søren Kierkegaard, der Mensch lerne über die Angst zuallererst, Mensch zu sein. Wir können heute noch gar nicht abschätzen, ob unsere gegenwärtige Zeit stärker als frühere Epochen oder gar Jahrhunderte von der Angst geprägt ist. Man erinnere sich nur, wie oft schon eine Zeit, etwa die Nachkriegszeit, als »Zeitalter der Angst« (nach einer Formulierung von W.H. Auden in seinem 1947 erschienenen barocken Gedicht) charakterisiert worden ist.

Hilft uns der Blick des Ethnologen weiter, dessen elementare Aufgabe auch darin besteht, die Angst vor dem Fremden zu verstehen und zu deuten? Und nützt uns der Blick des Psychoanalytikers, für den Verstehen und Deuten Teil eines individuellen therapeutischen Prozesses sind? Es liegt nahe, sich eine Kooperation beider Sichtweisen zu wünschen, vor allem in einer derart von Angst, Hass und Gewalt (bis zur nicht mehr ausgeschlossenen Lynchjustiz) aufgeladenen Situation, wie wir sie in Zeiten der Flüchtlingskrise, des Populismus, Rechtsextremismus und des Terrorismus erleben.

IN DEN GEDANKEN UND GEFÜHLEN DER ANDEREN SPAZIEREN GEHEN

Unter seiner akademischen Berufsbezeichnung führt der kooperierende *Ethnopsychoanalytiker* ein gesellschaftliches und wissenschaftliches Randdasein: Man hört und sieht ihn nicht. Betrüblich könnte man das nennen, wären doch seine Stimme, seine Präsenz und sein Blickwinkel von großem Nutzen in der gegenwärtigen Situation. Er könnte einen neuen innovativen Zugang zum Phänomen der Fremdheit eröffnen.

Was ist das Besondere seines Vorgehens? Er nähert sich mit dem in der eigenen Gesellschaft ausgebildeten Verstehen und Deuten von seelischen und kulturellen Zusammenhängen der *fremden* Gesellschaft. Dabei erfährt er die Grenzen seiner Begriffe und Modelle. Und das ist das Entscheidende: Er weiß sich, als Wertender, Urteilender und immer auch die Situationen Verzerrender, selbstkritisch in den Prozess mit einbezogen. Auf diesem Weg lernt er seine *eigene* Gesellschaft mit einem geschärften Blick neu zu betrachten. Er ist auch ein Reisender, will aber mehr als nur die Landschaften, Städte, Menschen und deren Kulturen beobachten und vielleicht auch beschreiben.

Er registriert zwar alles, was er auf der bewussten Ebene erlebt, aber sein Interesse richtet sich vor allem auf das Unbewusste und auf das *Allgemeine* im Verschiedenen, auf Strukturen. Die Art und Weise, in der er die Fremden und wie er sich selbst wahrnimmt – und dies gilt im Idealfall für jeden von uns –, verändert sich mit jeder Begegnung und jedem Gespräch. Voneinander Getrenntes wird aufeinander bezogen und durchlässig. Deutlicher konturiert wird also das Fremde, und ebenso werden die eigenen Verhaltensweisen und Rituale, die vertrauten Umgangsformen und sozialen Regeln schärfer erkennbar.

Der Ethnopsychoanalytiker ist bei seiner Arbeit angewiesen auf das Gespräch, die Übermittlung von verbalen und nonverbalen Äußerungen und deren Wechselspiel von bewusst und unbewusst, von manifest und latent. So kann er die Widersprüche der Gesellschaft verstehen lernen, wenn sie als Widersprüche im Subjekt und in der Selbsterfahrung zugänglich werden. Was die Gesellschaft bestimmt, wird über die Formen wahrnehmbar, die im Einzelnen manifest geworden sind.

In der anderen Kultur ist der Ethnopsychoanalytiker – in seiner dort ungewohnten Kleidung, mit seinen teils eigenartig anmutenden Verhaltensweisen und mit seinem fremden Aussehen – der Fremde. Er hat dieses unerwartete Interesse an den Menschen. Redet und hört zu. Geht zu Festen, lässt sich einführen in Sinn, Bedeutung, Symbole, Mythen. Und er wird, unwillentlich, Teil von konflikthaften Spannungen: Wem leiht er sein Ohr? Wer kommt regelmäßig zu ihm? Wer versucht, ihn für sich zu gewinnen?

Seine Arbeit nimmt ihren Ausgang im erworbenen *ethnologischen* Wissen. Zur Entfaltung kommt sie aber durch das *psychoanalytische* Wissen, die darauf aufbauende Technik und szenische Ausgestaltung.

Es geht mir in diesem Zusammenhang um die Bedeutung des ethnopsychoanalytischen *Blicks* für die Schärfung unserer alltäglichen Wahrnehmung des Fremden sowie der gegenwärtigen gesellschaftlichen und politischen Verhältnisse.

Um besser zu verstehen, wo sich dieser Blick herleitet, ist eine kurze Skizzierung der Geschichte der Verknüpfung von Ethnologie und Psychoanalyse notwendig, an der ich seit den 1970er Jahren selbst mitgewirkt habe und deswegen hier und im Kapitel »Atmosphärische und kulturvergleichende Annäherungen an das Bild vom Fremden« auf einige frühere Formulierungen zurückgreife.

In der Frühzeit der Ethnopsychoanalyse war es in der ersten Hälfte des 20. Jahrhunderts Géza Róheim, der für die Beschreibung der Universalien – also der gleichen Muster in den unterschiedlichsten Kulturen – psychoanalytische Begriffe einführte. Róheim nahm eine »potentiell universale Symbolik« und einen psychischen Apparat an, durch den sie umgesetzt und in vielfacher Weise zum Ausdruck gebracht wird. Die *gesellschaftliche* Prägung des Einzelnen und seiner kulturellen Leistungen tritt dabei teilweise in den Hintergrund. Für ihn gab es einen *Plan*, der für die Bildung aller Kulturen gleichermaßen gilt. Trotz einiger Ausblendungen hatte er den entscheidenden Schritt getan: zur Erkenntnis der »verborgenen Bedeutung des anscheinend Bedeutungslosen«.

Georges Devereux wollte dann das verzerrende Moment, das durch die Rolle des Beobachters und dessen subjektiven Standpunkt in die Forschung hineinkommt, deutlicher machen und bezeichnete die »Angst« als genauso grundlegend wie die »Methode« für jede wissenschaftliche Arbeit. Beide, Róheim und Devereux, forderten, der Ethnologe müsse sich einer Psychoanalyse unterziehen, um nicht unbekannten Projektionen, Ängsten und Gegenübertragungen – die auch in jede unserer alltäglichen Begegnungen mit dem Fremden hineinspielen – auf den Leim zu gehen.

Für einige Ethnopsychoanalytiker der Folgegeneration ist dies dann selbstverständlich geworden: Paul Parin, Goldy

Parin-Matthèy, Fritz Morgenthaler und, etwas später, Mario Erdheim schauen mit dem psychoanalytisch geschulten Auge des Ethnologen auf die Menschen außereuropäischer Kulturen und wissen dabei stets, dass sie auch sich selbst anschauen, dass sie am Fremden vieles besser wahrnehmen können als in der unmittelbaren Konfrontation mit sich selbst. Im Fremden das Eigene erkennen – so lautet das neue, wegweisende Motto.

Georges Devereux berichtete mir einmal von einem Experiment, bei dem ein Film über einen afrikanischen Stamm vorgeführt wurde und die Anwesenden, jeder für sich allein, zusammenfassten, was sie gesehen hatten. Man konnte den Eindruck gewinnen, es seien mehrere Filme vorgeführt worden – so stark differierten die Beschreibungen. Einige Zuschauer hatten einen bestimmten Vorgang, bei dem die Einheimischen eine lebende Kuh angestochen und das Blut getrunken hatten, einfach nicht wahrgenommen. Sie hatten aus ihrem Gesichtsfeld verdrängt, was ihnen (emotional) unerträglich erschien, was sie sich nicht zumuten konnten. Dies gilt generell für jede Begegnung mit den Fremden: Vielen Menschen sind deren Lebensgeschichte, deren Leid und »Fremdartigkeit« unerträglich und sie blenden die Vielschichtigkeit jeder Wahrnehmung aus ihrem Alltagsleben aus. Man hat in der modernen Gehirnforschung statt von einer emotionalen von einer pragmatischen Erträglichkeitsgrenze gesprochen. Das Nervensystem liefert nur Informationen und Interpretationen, die zweckdienlich sind. Was dem »System« nicht entspricht, wird ausgeblendet – auch hier gibt es Film-Experimente, die Devereux' Erfahrung stützen.

So wie in der Ethnopsychoanalyse wird auch in unserem eigenen Umgang mit den Fremden die Dynamik der Gespräche vor allem durch die kulturelle Unterschiedlichkeit – die Differenz, der wir schon so viel Aufmerksamkeit gewidmet haben – der Dialog-Partner vorangetrieben. Indem man sich auf diesen Prozess einlässt, konfrontiert man sich, wie in einer Pendelbewegung, mit zwei Kulturen, der eigenen und der fremden Kultur und den dabei auftretenden Widerständen.

Den Ethnopsychoanalytiker begleitet beständig die Frage, welche Teile einer Situation dem Verstehen leicht zugänglich scheinen und welche sich eher verschließen. So entsteht ein labiles Gleichgewicht zwischen frei schwebender Aufmerksamkeit und dem zielgerichteten Verstehenwollen.

Was daraus folgt, ist auch für jede uns vertraute Alltagssituation von Bedeutung: Was der oder die Angehörige einer fremden Kultur sagt, wie er oder sie sich verhält, ist zu einem Teil eine Reaktion auf die Anwesenheit des Ethnologen – und allgemeiner: des Vertreters einer anderen Kultur. »Es waren ja zwei da«, sagt die Ethnopsychoanalytikerin Florence Weiss lapidar und versucht diese Offenheit auch in der *Form* ihrer Beschreibungen durchzuhalten: Die *Jatmul*-Frau zum Beispiel wird von ihr nicht zur Informantin degradiert, sondern eher als »Heldin« eines Romans gezeigt. *Sie* ist die Hauptfigur. Dem entspricht auf der Ebene der Realität, dass *sie* darauf besteht, jeden Tag ein Gespräch mit der weißen Frau zu führen. Sie will Dinge besprechen und setzt dies durch.

Dieses Vorgehen lässt sich auf unseren Umgang mit Fremden sowie den möglichen emotionalen Austausch mit ihnen übertragen und uns in die Rolle des Ethnopsychoanalytikers schlüpfen. So üben wir das aufmerksame Eingehen affektiver Beziehungen mit Menschen anderer Kulturen und das bewusste Erleben der sich dabei entwickelnden vielschichtigen Prozesse. Und wir lernen unsere eigenen Widerstände zu deuten und uns in den Anderen, in seine inneren Entwürfe, auch in seine Kultur einzufühlen. Möglich ist eine Aufmerksamkeit gegenüber allem, was sich in dieser Beziehungsdynamik überträgt – und wie am Ende vielleicht Freundschaft entsteht.

Die Neugierde und eine offene, nicht therapeutisch orientierte Emotionalität unterscheiden die ethnopsychoanalytische Begegnungsform in der fremden Kultur grundlegend vom konventionellen Setting zwischen dem Analytiker und seinem Analysanden im eigenen Land. Das *freundschaftliche* Verhältnis zum Gegenüber wird in der Ethnopsychoanalyse, anders als in der Psychoanalyse, als Bereicherung und Vertiefung im Verstehen der anderen *Kultur* und seiner *psychischen* Manifestationen angesehen.

Vergegenwärtigen wir uns diesen Satz als ein mögliches Leitmotiv: »Ich möchte mit euch zusammen in euren Gedanken und Gefühlen spazieren gehen«, hat Florence Weiss den *Jatmul*-Frauen gesagt, und Paul Parin, Fritz Morgenthaler und Goldy Parin-Matthèy schreiben in ihrem Buch *Fürchte deinen Nächsten wie dich selbst*, dass sie zwar davon überzeugt seien, mit der psychoanalytischen Methode ein geeignetes Werkzeug zu verwenden, aber eines, das unserer Kultur und Denkweise entstamme. Aus diesem Grund müssten wir sogar kulturperspektivische Irrtümer erzeugen, um die Fehler sichtbar zu machen und korrigieren zu können.

In den psychoanalytisch orientierten Gesprächen versucht man Hindernisse wegzuräumen, indem man sie zur Sprache bringt. Widerstände werden gedeutet, ins Bewusstsein gerückt – und wenn möglich überwunden. »Vielleicht stimmt es irgendwann auch gar nicht mehr« – derart undogmatisch betrachtet Paul Parin die Konzepte der Psychoanalyse. Für die Ethnopsychoanalyse heißt das, dass sie neue Begriffe (wie Anpassungsmechanismen und Clan-Gewissen) einführen muss und einige Bereiche neu zu bedenken hat.

Wir glauben zum Beispiel, jede sexuelle Orientierung – ob grundsätzlich heterosexuell oder homosexuell – würde sich sehr früh in der kindlichen Entwicklung entscheiden. Es gibt aber Gesellschaften, in denen eine solche Festlegung erst in der Pubertät stattfindet. Und durch eine ethnopsychoanalytische Betrachtung etwa der Jatmul-Kultur auf Papua-Neuguinea erfahren wir, wie anders sich (im Vergleich zu den Dogon in Mali und zu den westlichen Kulturen) hier das Verhältnis von Individuum und Gruppe gestaltet. Die Jatmul besetzen das selbständige Handeln ungleich höher als wir oder die Dogon. Jedem steht es frei, was er mit seinem Besitz macht und wie er sein Privatleben regelt – wobei es Institutionen (Familie, Clan, Altersklassen und informelle Gruppierungen) gibt, die das individuelle Handeln strukturieren und gesellschaftlich zusammenhalten.

Mit dem innerhalb der eigenen Kultur und für sie ausgebildeten Begriffsapparat für psychische und gesellschaftliche Vorgänge nähern wir uns den Strukturen und Mechanismen, denen die Mitglieder einer Gesellschaft gehorchen. Da sich aber Gesellschaften ändern, einer steten Dynamik der Ablösung alter und der Konturierung neuer Formen folgen und im Austausch mit fremden Kulturen sind, müssen auch die Begriffe wandelbar sein.

Gilt dies schon für die eigene Gesellschaft, aus deren Zusammenhang die begrifflichen Verallgemeinerungen hervorgegangen sind, so gilt dies erst recht, wenn wir mit ihnen in einer anderen Kultur operieren: Psychische Mechanismen und Strukturen (wie etwa Anpassungs- und Verweigerungsmechanismen, Ödipuskomplex oder Kastrationsangst) sind nicht ohne Weiteres als universal und kulturübergreifend zu verstehen. Dies müssen wir auch in Betracht ziehen, wenn wir so selbstverständlich gewordene Begriffspaare wie »wild« und »zivilisiert«, »rational« und »irrational« verwenden. Taugt das Begriffspaar rational-irrational überhaupt noch, oder hat sich nicht oft genug Rationalität als Maske destruktiver Kräfte erwiesen? Und hat zuweilen das sogenannte Irrationale, etwa in der künstlerischen Kreativität, nicht viel positiver als das Rationale gewirkt?

Jeder kann – zu einer solchen Sichtweise wollten diese Überlegungen hinführen – Ethnologe und Ethnopsychoanalytiker sein, einer, der sich selbst und die eigene Kultur auf der Grundlage gelebter Erfahrung und erworbenen Wissens verstehen lernt, voranschreitet zur Erkenntnis und Wertschätzung anderer Kulturen und diesen erweiterten Blick wieder auf sich und die eigene Kultur richtet.

Alles, was außerhalb von uns existiert, zu dem wir uns in Beziehung setzen und das wir mit unseren Gedanken und Absichten durchdringen, steht in engster Beziehung zu unserer seelischen Verfassung. Dieser Wechsel zwischen Innen und Außen ist in Wahrheit ein kraftvolles kreatives Hin-und-Herschwingen zwischen dem Selbst und den Anderen – eine Dynamik, die oft von verfestigten Strukturen, Positionen und Theorien blockiert wird. Eine sich befreiende Bewegtheit hatte auch die Schriftstellerin, Literaturwissenschaftlerin und Philosophin Julia Kristeva im Auge, als sie 1988/90 von *Tokkaten und Fugen* sprach, um die »moderne Bedeutung der Fremdheit« zu erfassen: Fremdheit berühren, streifen und weitergehen im Spiel zwischen Entstehen und Vergehen von Bildern und Fixierungen. Für die von mir angestrebte Entwicklung einer immer wieder neu ansetzenden *Großen Er-*

zählung der Fremdheit hat die Ethnopsychoanalyse (nicht so sehr als Wissenschaft, sondern als ethnopsychoanalytischer Blick) eine weitaus stärkere, öffnende Kraft als die Psychoanalyse. Für neue narrative Impulse beim Verfassen einer solchen *Großen Erzählung* der offen liegenden, der verdeckten und projektiven Fremdheitszuschreibungen gab es seit den 1970er, 80er Jahren eine Fülle von Ansätzen, ob bei Georges Devereux, Parin/Morgenthaler, Hans Peter Duerr und Claude Lévi-Strauss oder bei Michel Leiris und Hubert Fichte.

Die Wiederentdeckung der Psychoanalyse und die neuen Kooperationen (exemplarisch mit der Ethnologie) in den 1970er, 80er und 90er Jahren weckten die Erwartung, dass sich Freuds elementare Einsicht in die seelischen Tiefenschichten auf ganzer Linie durchsetzte. So leicht aber geben die Menschen, allen voran die Wissenschaftler, die ihnen Sicherheit versprechende Position des vollständig selbstbestimmten, rational agierenden Wesens nicht auf. Der forschende Blick auf die unbewussten Regungen trat nicht den erhofften kontinuierlichen großen Siegeszug an, trotz all der Anstrengungen, die ein Teil der intellektuellen Avantgarde in jenen Jahren, auch mit der Bewegung der Ethnopsychoanalyse im Rücken, unternahm. Ich konnte hier ein Terrain mit bearbeiten, das weit über die Theorie und Praxis der Psychoanalyse hinausging, und dabei dem Ziel folgen, die Widerstände gegen jede Form von Introspektion und Selbsterforschung zu brechen und damit auch die Arbeit am »Autobiographischen Projekt« voranzutreiben.

Jede begriffliche und methodische Vertiefung hat sich im sozialen, gesellschaftlichen und politischen Alltag zu bewähren. Der ethnopsychoanalytische Blick als *alltägliche Einstellung* wäre ein Ideal.

Zumeist glauben wir, andere Menschen direkt zu erleben, in dem, was sie sagen und wie sie es sagen, wie sie sich verhalten und wie sie sich geben: leger oder verkrampft, zu- oder abgewandt, selbstsicher und überlegen oder schüchtern, mit gesenktem Blick und hängenden Schultern. In Wahrheit aber beobachten wir die Eindrücke, die sich in *uns* einprägen und wie *wir* mit ihnen umgehen. Wir nehmen den *Widerhall* wahr, den das Auftreten und Handeln der Menschen in uns hinterlassen. In diesem Widerhall sind immer auch Ausblendungen und Widerstände wirksam. Nichts kommt ungefiltert bei uns an.

Über das Deuten und Miteinanderreden, über Theorien und Modelle versuchen wir, Strukturen unseres Verstehens und möglichen Missverstehens deutlich zu machen. Oft verfallen dabei Wissenschaftler dem Irrtum, ihre Erkenntnisse würden objektiver, wenn sie sich als Teil der Beobachtungssituation und wechselseitiger Übertragungen ignorieren. Das Gegenteil aber ist der Fall. Nur wenn wir die Abhängigkeiten und die Beziehungsdynamik zwischen uns und dem Anderen thematisieren, nähern wir uns der wahren Komplexität:

Der nach außen und der nach innen gerichtete Blick gehören zusammen. Die im Außen wahrgenommenen Formen und Gestaltungen korrespondieren ununterbrochen mit Anteilen im Inneren. Dieses Wechselverhältnis ist nicht an den Sehsinn des Menschen gebunden. Die Blindheit aktiviert die anderen Sinne, vor allem das bildliche Vorstellungsvermögen. Sehen ereignet sich dann eher im Inneren und kann von den nicht Erblindeten bestätigt oder korrigiert werden. Und, gleichsam zum Ausgleich, kann der Erblindete den Sehenden auf etwas hinweisen, das dieser übersehen hatte. Sie bereichern sich gegenseitig. Der Sehende und der Blinde können mit den Augen beziehungsweise mit dem inneren Sehvermögen des Anderen *sehen*.

Lässt sich dieses Phänomen nicht auch auf unseren Austausch mit den Fremden anwenden, die die Welt anders sehen als wir, die mit anderen Augen und einem anderen Sehvermögen die Wirklichkeit anschauen? Bereichert das nicht beide?

Die Hürden für solche Reflexionen sind jedoch enorm hoch. Das beginnt schon bei dem von einem Großteil der Bevölkerung über alle Maßen geschätzten Eintreten der Politiker und der Polizei für *bedingungsloses*, hartes Eingreifen, schärfere Strafen und Gesetze – und dies nicht *begleitend* zu Verstehen und Deuten, sondern diesen *vor*geordnet. Nur auf diese (durch verschärfte Gesetze geleitete) Weise – wogegen es allerdings auch immer wieder heftigen Widerstand gibt – würde das Bild eines handlungsfähigen Staates und einzelner Städte oder Regionen unter Beweis gestellt.

Angesichts von aktuellen Zuspitzungen des Hasses und der Gewalt, von unternommenen Hetzjagden und versuchter »Selbstjustiz« im August/September 2018 in Chemnitz erscheint einigen Gruppierungen jedes bedingungslose polizeiliche Vorgehen als gerechtfertigt. Verstehen und Deuten werden dabei als zweitrangig eingestuft. Dafür verweist man – wenn überhaupt – auf »Experten« der Soziologe, Psychologie und Politikwissenschaft. In meinem Verständnis aber sollten Verstehen und Deuten *integrierter* Teil des politischen und polizeilichen Vorgehens sein, selbst dann, oder auch gerade dann, wenn die Gewaltdynamik in der Kooperation vielfacher Gruppierungen außer Kontrolle gerät. Es gilt, möglichst auf jeder Etappe des Eingreifens, die sich in den Prozessen radikalisierenden, zuweilen verlagernden Motive, Ziele und

Strategien richtig zu bewerten und entsprechend differenziert zu handeln.

Ich spreche nicht aus einem isolierten intellektuellen Elfenbeinturmmilieu, sondern habe diese Fragen unter anderem 1992 auch innerhalb der deutschen Polizeiakademie auf deren Wunsch hin mit ihren Führungskräften diskutiert. Dabei fand ich eine durchgängige Unterstützung für meine Empfehlung, Politiker und Polizisten in einem ethnologischen oder gar ethnopsychoanalytischen Blick auf Fremde und auf Fremdheit (wohlgemerkt nicht in einem streng wissenschaftlichen, sondern nur in dem eben dargestellten sehr offenen Sinn) zu schulen. Mit Bedauern betonten sie, in der Regel nicht darin geübt zu sein, Hilflosigkeit, Schwäche, Scheitern und Versäumnisse zu bekennen. Zu groß sei der verinnerlichte Druck, Stärke zu zeigen. Und über allem schwebe das Ziel schneller »konkreter Lösungen«.

So überraschte es mich auch nicht, dass es die Polizei war, die bei der teilweisen Räumung des Hambacher Forstes 2018 einerseits den Vorgaben der Politik, der Staatsanwaltschaft und des Oberverwaltungsgerichts folgen musste, andererseits sich aber auch nicht als gedankenlose Ausführende verstanden wissen wollte, sondern ein deutliches Interesse an Reflexion und Selbstreflexion hatte. Auch innerhalb der für Gesetz und Ordnung verantwortlichen Organe gab und gibt es Raum für ein Entsetzen angesichts der psychischen und geistigen Verkehrungen, zu denen Politiker im Verbund mit Unternehmen in der Lage sind. So wurden die ökologischen Rettungsversuche des Hambacher Forstes zum Erhalt der Natur als zerstörerisch denunziert (»Ökoterrorismus«) und die Abholzung, also die Zerstörung, als eine vernünftige, sinnvolle Tat im Sinne der Gesellschaft und der Durchsetzung von Recht und Ordnung ausgegeben.

VON DER SCHWIERIGKEIT IM UMGANG MIT FREMDEN RITUALEN

In der Umschreibung des Fremden als »Fremdling« – das kann auch einer sein, der nur aus dem Nachbardorf kommt – stehen die Distanzierung und die psychische sowie soziale Schutzhaltung im Vordergrund. Verschärft wird das Bild eines »hier« nicht Hingehörenden, wenn es sich um jemanden handelt, dessen Kultur und Religion als Angst einflößend und erschreckend wahrgenommen werden, als würden die Einheimischen mit einer längst vergangenen Epoche ihrer Kultur, sprichwörtlich dem »Mittelalter«, konfrontiert werden.

In ihnen wird oft ein Schrecken ausgelöst, so, als würden sie unmittelbar mit dem *Unheimlichen* konfrontiert. Gemeint ist damit das Ungeheuerliche und Unvertraute, das den Schutz des Heimischen, Geheuren und Vertrauten zu sprengen droht. Allein die Vorsilbe Un – exemplarisch auch im *Unbewussten* – verheißt nichts Gutes, eine fremde, *un*gezügelte, bedrohliche Macht. Zugleich übt das Unheimliche, zum Beispiel in Fantasy- und Science-Fiction-Filmen und Thrillern, eine anziehende Faszination aus.

Die dramatischen Auswirkungen, die die Stigmatisierung (als Verkörperung des Unheimlichen) für den »Fremden« hat, gründen darin, dass auf diese Weise die von ihm erlebten Traumatisierungen noch zusätzlichen, schwer zu verarbeitenden seelischen Schmerz erfahren. Der Traumatisierte wäre ja gerade darauf angewiesen, dass sein Schmerz der

Flucht als *real* wahrgenommen und im vorurteilsfreien Austausch gemindert würde. Die Ignoranz des existentiellen Leids und die personenunabhängige Dämonisierung des woanders Beheimateten und in einem anderen Glauben Verhafteten führen zu oft schweren Dissoziierungen.

Im Grunde genommen wäre jeder Mensch durch Einfühlung in andere Lebensschicksale (auch im eigenen sozialen und familiären Umfeld) in der Lage, diese Dramatik nachzuvollziehen. Dazu aber wäre eine Schulung in der Wahrnehmung der psychischen Dimension notwendig, die in alle Formen des Unterrichts von Kindern und Jugendlichen bis zu den Erwachsenen integriert werden müsste. Ein Leitmotiv wäre: Erkenne im Anderen den dir Nächsten. Was du als Schutz aufbaust, errichtest du nicht nur gegen reale Gefahren und reale Personen, sondern auch zum Schutz deiner dir nicht bewussten Ängste und um dich von dir selbst (in dem auch zu dir gehörenden Unheimlichen) fernzuhalten. Indem du hoffst, im Außen alles unter Kontrolle zu halten, erhoffst du dir auch die Kontrolle über die eigenen Konflikte, Verluste, Erschütterungen und existentiellen Grenzerfahrungen innerer Fremdheit.

Wie hilflos die meisten Politiker und Journalisten in den Fremdheits-Debatten sind, offenbart sich etwa an dem unablässig bemühten Begriff des fremden »Kulturkreises«. Dass dieser längst ad acta gelegte Begriff des 19. Jahrhunderts noch einmal hervorgekramt würde, war nicht zu erwarten. Man glaubt sich dabei, zu Unrecht, auf neutralem, wertfreiem Boden zu bewegen.

Geprägt wurde der Begriff 1898 von dem Forschungsreisenden und Abenteurer Leo Frobenius, der auf diese Weise den schriftlosen und als geschichtslos geltenden außereuropäischen Kulturen Bedeutung, Tiefe und Wertigkeit verlieh. Ihn interessierten Gesetzmäßigkeiten in kulturellen Prozessen und der Wesenskern (»Paideuma«) der Kulturen. Wären diejenigen, die in den Diskussionen um Flüchtlinge und Terrorismus von »Kulturkreisen« sprechen, an dem »Wesenskern« interessiert, gäbe das den Diskussionen eine intellektuelle Schönheit. Es scheint aber eher so zu sein, dass die heutigen Kulturkreisler unbewusst geringschätzig dem anderen Aspekt folgen und in den Fremden Angehörige schrift- und geschichtsloser Kulturen sehen. Auf diese Weise blenden sie für Augenblicke die Tatsache aus, dass die Angehörigen dieser Gesellschaften Teil der Weltpolitik und der universellen Transformation der Gesellschaft sind und nicht an der Peripherie, sondern inmitten der großen gesellschaftlichen, sozialen und kulturellen Prozesse leben.

Die Vermischung europäischer und außereuropäischer Kulturen nehmen wir oft genug als bereichernd wahr. Zum Beispiel in der Musik, im Theater, in Filmen und im Tanz, in der Erotik, in der Mode und auf Reisen. Dann wieder werden wir, obgleich wir vielleicht gerade selbst noch Fremde in einem außereuropäischen Land waren und willkommen geheißen wurden, zu Fremdenfeinden und zu Eiferern und Hütern vermeintlich unbefleckter Ordnungen. Trotz der geschichtlich längst manifestierten Einbrüche von Fremdheit glauben wir immer noch an eine nationale Identität und Homogenität und verteidigen sie gegen die Gefahr des Heterogenen und Fremden.

Warum macht uns in bestimmten gesellschaftlichen Konfliktsituationen die Fremdheit solche Probleme? Weil wir sie außerhalb unseres eigenen Lebens und unserer Gesellschaftsformationen lokalisieren. Uns fällt es schwer, nationale geschichtliche oder gar persönliche Erfahrungen der Verfolgung, der Flucht und des Krieges mit Menschen ganz anderer Kulturen in Verbindung zu bringen. Wir klammern uns an die eigenen vertrauten Rituale. Selbst deren weit fortgeschrittene Verflachung scheint unser Bild von individueller und gesellschaftlicher Identität und Homogenität nicht zu stören. Sie dienen im traditionellen Sinn der Formgebung und, kulturtheoretisch beziehungsweise psychoanalytisch gesprochen, der Bändigung von Angst. Darüber hinaus symbolisieren sie in vielen Fällen wichtige Lebensabschnitte.

Dabei wird heute kaum noch ein Ritual, ohne dass wir dem sonderlich Beachtung schenkten, so vollzogen, wie es einmal gedacht war. Die Feier eines Ereignisses hat sich längst verselbständigt, verhöhnt zumeist sogar den eigentlichen Sinn. So galt der Übergang vom alten ins neue Jahr ursprünglich der Besinnung auf das Geschehene und auf das zu Erwartende, auch zu Erhoffende.

Viele Rituale haben die Form von *events* angenommen und stellen synkretistische, auch teils anarchische Performances dar.

Nur langfristig angelegte Bemühungen um Integration können den Menschen, die selbst wenig oder gar nicht geschult sind im kritischen Infragestellen der eigenen Rituale, ein differenziertes Bild von unseren gesellschaftlichen und kulturellen Freiheiten und den mit Traditionen brechenden Verknüpfungen vermitteln.

Solange wir diejenigen, die aus einer fremden Kultur in ein europäisches Land kommen, nicht langfristig vertraut machen mit den Bedingungen unserer Lebenswelt, den Gesetzmäßigkeiten unserer Gesellschaft und auch den bei uns weit verbreiteten Verstößen (dies betrifft zum Beispiel auch den übermäßigen Genuss von Alkohol bei bestimmten Anlässen), bleiben Missverständnisse nicht aus.

Wer jemals an einem Ritual in einer außereuropäischen Kultur teilgenommen hat, weiß, wie vieles man unvermeidlich missversteht. Bei einer Begräbnisfeier 1971 in Teheran, in die ich zufällig hineingeraten war, weil man mich für einen entfernten Verwandten des Verstorbenen hielt, wies man mir einen Platz in dem von Klagegesängen der alten Frauen erfüllten Kreis zu. Trotz der ekstatischen Innigkeit der Trauer machten Teegläser und Zigaretten die Runde. Weil ich befürchtete, einen elementaren Fehler zu begehen, ließ ich Tee und Zigaretten an mir vorüberziehen, voller Angst, ich könnte als Fremder von der Teilhabe ausgeschlossen und nicht gemeint sein. Gerade das aber erwies sich als eine Verfehlung, so, als würde ich mich über das Ritual erheben, der Gemeinschaft nicht folgen und die Geste der Einladung missachten.

Anders, Jahre später, eine Szene, in der Zurückhaltung gerade die richtige Entscheidung gewesen wäre. Ich war auf abenteuerliche Weise erst mit dem Lastwagen eines schwedischen Hilfswerks, dann mit Kamelen von Mao im Tschad endlich in der legendären Stadt Agadez in Niger angekommen, verbrachte viel Zeit auf dem reichen Markt, erwarb altes Kunsthandwerk der Tuareg und freundete mich mit einer kleinen Gruppe Songhai (deren Männer geschminkt und geschmückt waren) an. Eines Tages luden mich die Fischer und Händler zu einem Fest außerhalb der Stadt ein und wiesen mir einen Platz in der Runde zu. Dann tanzten die Männer werbend auf die Frauen zu, die so taten, als schauten sie gleichgültig weg, in Wahrheit aber jeden einzelnen Tänzer genau taxierten. Ich missverstand die Blicke, die mir die Männer und auch die Frauen zuwarfen, als Aufforderung mitzutanzen, als Gesten der Verführung, die jedoch in Wahrheit nur distanzierte Neugierde verraten sollten. Als ich auf die Frauen zutanzte, zerstörte ich alles: die Freundschaft mit den Männern und die schüchterne Leichtigkeit mit den Frauen.

Für mich hatten mein Missverstehen und mein Tabubruch keine Folgen, außer einem Gefühl der Scham. Ganz anders ist die Situation für einen Fremden, der sowohl Teil seiner Traditionen als auch unserer Gesellschaft sein möchte. Wie weit kann er in der Zurückweisung bestimmter Anforderungen, die an ihn herangetragen werden, gehen, ohne in einen existentiellen Konflikt mit seiner Tradition, seinem Glauben, seiner Familie zu geraten?

Wo kann seine Hoffnung ansetzen, aus seiner Gesellschaft heraus verstanden und kulturell geachtet zu werden, unabhängig davon, aus welchen Gründen er in ein europäisches Land gekommen ist? Oder hat die Verknüpfung von »Fremder«, »Flüchtling« und möglicher »Terrorist« eine solche offene Wahrnehmung grundlegend verstellt?

»FREMDE«, »FLÜCHTLINGE«, »TERRORISTEN«

Nach den rassistischen Anschlägen auf Flüchtlingsheime 1992 hatte ich an einer Tagung unter dem Obertitel »Müssen wir Fremde hassen?« an der deutschen Polizei-Führungsakademie teilgenommen. Man wollte damals wissen, ob der Hass naturgegeben ist, und eine Antwort darauf haben, wie die Polizisten den »Flüchtlingsströmen« – schon zu jener Zeit wurde der unheilvolle Begriff verwendet – begegnen sollen. Aber nicht nur dies. Man hatte auch den Wunsch, zu verstehen und die Ursachen des Hasses kennenzulernen. Schließlich wollte man in Erfahrung bringen, wie Menschen in anderen Kulturen mit dem Fremden umgehen.

Ich war nach Münster eingeladen worden, um als Ethnologe vor Führungskräften und Ausbildern im Rahmen eines Seminars »Zwischen Bürgern und Fremden. Über ethische Aspekte polizeilichen Handelns bei Ausschreitungen gegen Asylbewerber« einen Vortrag zu halten (was ich am Schluss des Kapitels »In den Gedanken und Gefühlen ...« schon kurz angesprochen habe). Ich war überrascht, wie es der Polizei vor allem um den Schutz der *Asylsuchenden* ging, wie sie für *sie* da sein wollte. Bei keiner anderen Veranstaltung, an der ich damals zu dieser Thematik teilnahm, begegneten mir so neugierige, wissbegierige und dabei immer auch praktisch orientierte, an die Umsetzung des Erfahrenen denkende Zuhörer wie in dem für mich doch sehr ungewohnten Rahmen.

Schlägt man den Bogen von den 1990er Jahren bis 2018,

dann stellt man fest, dass die inzwischen verstärkte, teils massive mediale Kritik an der Polizei bis hin zu vermehrten Strafanzeigen gegen sie ein vergleichbares ethisches Engagement der Polizei, wie es damals zu beobachten war, erschwert hat. In quasi-ethnologischen Überlegungen, wie ich sie erleben konnte, wird die Polizei heute nicht geschult. Die enormen Anforderungen digitaler Überwachung und bürokratischer Maßnahmen haben den ethischen und humanistischen Blick auf die Asylsuchenden eingeschränkt, wofür die völlige Überlastung der Polizei nicht direkt mitverantwortlich zu machen ist. Ich konnte noch erleben, wie die Polizeiführungskräfte davon sprachen, dass es doch selbstverständlich sei, wenn der einzelne Polizist den Blicken der Verzweifelten, Erschöpften, Traumatisierten nicht ausweichen kann und sich ihnen fürsorglich helfend zuwendet.

Können wir überhaupt eine Vorstellung von den realen existentiellen Schwierigkeiten der bei uns ständig oder vorübergehend lebenden Muslime haben, sofern sie bedroht sind von ihrer eigenen Angst, von der Furcht, von den Europäern missachtet oder des Landes verwiesen zu werden (wenn sie nicht selbst den Wunsch haben, es so schnell wie möglich wieder zu verlassen, sobald ihr eigenes Land ein menschenwürdiges Leben erlaubt), und davon, auch selbst als »Ungläubige«, im Sinne einiger extremer islamistischer Organisationen, angesehen zu werden?
   Der ethnologische und kulturanthropologische Blickwinkel, von dem aus man in den 1990er Jahren die politisch-gesellschaftliche Problematik beschreiben und deuten konnte, erwies sich damals als sehr fruchtbar und wäre es auch heute in verstärktem Maße. Ein solcher Blick bezieht die Tagesdebatten mit ein und löst sich zugleich aus der Tagesak-

tualität zum Beispiel der Verfehlungen und radikalisierten Übergriffe der Rechtspopulisten wie der Flüchtlinge. Dabei hat der Begriff der »Fremdheit« in der ihm eigenen Universalität eine übergeordnete Bedeutung, von der aus man vielen seiner Variationen, Ausläufer und Konkretisierungen folgen kann.

Es gibt Überschreitungen, die der Begriff der »Fremdheit« nicht mehr zu fassen vermag. So ist es kein Wunder, dass der Westen zu den extremsten Charakterisierungen der IS-Terroristen greift und sie »Unmenschen« nennt, von denen eine »dämonische Bedrohung« ausgehe. Auf diese Weise wird der Anschein erweckt, als käme das Geschehen aus weiter, gesellschaftsunabhängiger Ferne auf uns zu. In Wirklichkeit aber handelt es sich ja um ein Konglomerat unterschiedlich verankerter individueller und gesellschaftlicher Perversionen und Pathologien; um eine radikale Ausformung des im Menschen vorhandenen und verschiedenartig ritualisierten Destruktionspotentials und Zerstörungswahns.

Ohne dass die meisten Europäer es sich vorgestellt hätten, werden sie jetzt mit Krieg, Flucht und Destruktion konfrontiert, die sie üblicherweise so nur in der Nachkriegszeit zu bewältigen gelernt haben oder wovon ihnen erzählt wurde. Sie sind wider Willen zu Existentialontologen geworden – und dies mit einer Erbarmungslosigkeit, die ihnen ansonsten, zeitlich begrenzt, noch von Naturkatastrophen her bekannt ist. Jetzt aber müssen sie lernen, die Möglichkeit in Betracht zu ziehen, dass dem Not- und Ausnahmezustand die Tendenz innewohnt, zur Regel zu werden.

Nach dem Attentat auf die Satirezeitschrift »Charlie Hebdo« und zehn Monate später, am 13. November 2015 (den man auch den »11. September Frankreichs« nannte), wurden terroristische Anschläge gleich an mehreren Stellen in Paris und dann am 22. November 2015 und 22. März 2016 in Brüssel und am 14. Juli 2016 in Nizza verübt. Es erscheint rational und im Sinne der Sicherheit zu sein, mit einem »Ausnahmezustand« und einer »Kriegserklärung« auf den von Terroristen erklärten »Krieg« zu reagieren. Zugleich verweisen Wörter wie »Rache«, »Vergeltung« und »Ausrottung« auf das Gegenteil von Ratio und sind eher Ausdruck einer in »Kampfrituale« eingekleideten Hilf- und Machtlosigkeit.

Das zeigt, wie schwer es ist, auf ein so abgründig strukturiertes Gebilde wie den »Islamischen Staat« zu reagieren. Es nennt sich »Staat« und nutzt, wie viele andere Staaten auch, dubiose Geschäfts- und Handelsbeziehungen. Die westliche Welt hat lange Zeit kaum hinreichende Mittel gefunden, der Unterstützung des IS durch arabische Staaten, den Geschäften mit erbeuteten Ölquellen, dem Drogenhandel, dem »Wirtschafts-Dschihad« (Betrug mit Steuergeldern über Tarnfirmen), dem Menschenhandel und dem organisierten Kunstraub entgegenzutreten. Zudem hatte es der Westen hier zeitweise mit sehr erfolgreichen, technisch versierten, mit neuesten Technologien operierenden Strategen zu tun. Weder militärische Einsätze noch Vergeltungsmaßnahmen waren unmittelbar wirkungsvoll.

Der »Islamische Staat« versprach bis zu seinem weitgehenden inneren Verfall allen Bewohnern der sozialen Peripherien, zu Siegern in einer großen Gemeinschaft zu werden. Europa hat mit seiner Ignoranz und Hybris viele dieser »Kämpfer« produziert – und selbst 2015/2016/2017 reagierte man noch reflexartig mit Kriegserklärungen und Ausrottungsphantasien statt mit (wenigstens versuchten) Reintegrationsprogrammen. Und man unternahm viel zu wenig, um junge arabische Demokratien nicht in die Fänge des IS zu treiben. Die meisten der in Europa Angst und Schrecken verbreitenden Terroristen waren hier – solange sie noch an ihre Integration glaubten – Einheimische und Fremde zugleich. Sie waren offen für die westliche Lebens- und Denkart und blieben doch verbunden mit ihren Traditionen. Sie haben ihre Affinität zu Europa in Hass verkehrt und die finsterste Vergangenheit in ihren eigenen Traditionen verabsolutiert. Hier kommt uns eine radikale, unsere Existenz bedrohende Fremdheit *inmitten unserer Gesellschaft* entgegen, die von vielen Bürgern mit der uns unvertrauten *kulturellen* Fremdheit der geflüchteten Menschen gleichgesetzt wird.

Es bieten sich zwei elementare Möglichkeiten der Reaktion auf die Flüchtlingsproblematik an: Entweder rational, juristisch, nationalstaatlich etc. zu begründen, warum unsere Gesellschaft überhaupt keine Fremden mehr braucht oder aufnehmen kann. Oder aber die Möglichkeit, die Angst einer humanistischen Einstellung unterzuordnen und von hier aus zu agieren.

Angela Merkels »humanitärer Imperativ«, ihre im September 2015 spontan und im Alleingang vollzogene Haltung in der Flüchtlingsfrage ist eine humanistische Offensive ... dieser Satz sollte von mir so fortgesetzt werden: von einer Unbedingtheit und Bedingungslosigkeit, wie sie der Politik sonst fremd ist. Aber stimmt das überhaupt, oder hat sich unter der Hand nicht eine unbedachte Idealisierung eingeschlichen? War es überhaupt Merkels freie Entscheidung, die Grenzen zu öffnen, oder eher, wie dies zum Beispiel der Journalist Robin Alexander gezeigt hat, der *Verzicht* darauf, die Grenze zu schließen? Und anschließend das *Versäumnis*, sie rechtzeitig zu schließen und so zu verhindern, dass aus der Ausnahme ein Ausnahmezustand wurde? Demnach handelt es sich also nicht um eine *Offensive*, sondern um einen *humanitären Grundimpuls*.

Der tiefste individuelle Widerstand, die Geflüchteten als *einzelne* Menschen und nicht als Masse wahrzunehmen, liegt darin, dass sich die Bürger (die sich jetzt um ihre Heimat ängstigen) nicht mit den Geflüchteten (deren Heimat und Lebensstil) identifizieren können. Sie verknüpfen das Schicksal von Menschen aus Syrien, Eritrea, Jemen, dem Irak und Iran, Marokko, Afghanistan oder den Balkanländern nicht mit eigenen Schicksalsschlägen und den Fluchtbewegungen in der deutschen Geschichte.

Ein weiter entwickeltes Bewusstsein und ein verändertes Verständnis von »Lösungen« müssten dringend zum Thema gemacht und Lehrfach in Schulen und Universitäten werden. Insbesondere Flüchtlinge aus islamischen Ländern müssten so früh wie möglich auf einen ganz anderen als ihnen vertrauten Begriff von Gesetz, Ordnung, Freiheit (vor allem auch die Männern und Frauen gleichermaßen zustehende Freiheit, sich offen auszusprechen) vorbereitet werden.

Wir befinden uns in einem höchst gefährlichen Zustand der *Nachträglichkeit*: wir sind vor allem damit beschäftigt, Versäumnisse, so gut es geht, zu korrigieren. Eine grundlegende Lernaufgabe bestünde darin, politische und gesellschaftliche Fehlerketten frühzeitig zu erkennen und zu durchbrechen sowie den Blick zu schärfen für die aktuellen verqueren Verknüpfungen von Rationalität, Irrationalität und Emotionalität, auch über die konkreten Situationen hinaus, um dem *Im-Nachhinein* ein *Im-Voraus* an die Seite zu stellen.

ANGST-ÜBERFLUTUNGEN

Angst vor dem Fremden ist eine menschheitsgeschichtliche Grundausrichtung. Die Anerkennung und Wertschätzung des Fremden ist erst eine spätere zivilisatorische Errungenschaft. Als lernfähige dialogische und sich in andere Gesellschaftsentwürfe einfühlende Wesen konnten wir zu einer humanistischen Einstellung gelangen.

Der Mensch ist in seiner Weiterentwicklung geradezu angewiesen auf die bewusste und konstruktive Überwindung der Angst. In den verschiedenen Kulturen haben sich sowohl die Ängste selbst wie auch die Strategien im Umgang mit der Angst, dem Hass und der Fremdenfeindlichkeit individuell und kollektiv unterschiedlich entwickelt.

Der Begriff der »Angst« kann nur noch sehr eingeschränkt als gemeinsamer Nenner für unsere existentielle Grundbefindlichkeit verwendet werden: Auf der einen Seite werden alle Menschen mit alltäglichen Situationen konfrontiert, in denen sie Angst vor Krankheit und Tod, Misserfolg und Einsamkeit empfinden oder auch vor den Lebensgewohnheiten und Glaubensvorstellungen in anderen Kulturen; auf der anderen Seite gibt es Flüchtlinge, die extremen Ausnahmesituationen ausgeliefert sind, in denen sie über lange Zeiträume hinweg auf dramatische Weise der *Überflutung* von Angst ausgesetzt sind und sehr oft einen *Angst- und Trauma-Körper* ausbilden.

Meine persönlichen Erfahrungen und die von Therapeuten im Umgang mit traumatisierten Flüchtlingen sind extrem bedrückend, da buchstäblich alles in ihrem gegenwärtigen Leben ungeklärt und unsicher ist: von dem andauernden, qualvollen, lähmenden oder noch gar nicht begonnenen Aufnahmeverfahren bis zu den drängenden Fragen nach dem Verbleib oder Wohlergehen von Freunden und Familienangehörigen. Diese aktuelle Problematik verschärft noch die ohnehin schon schwer zu initiierenden und durchzuführenden Angst- und Traumatherapien, in denen alle Etappen der Flucht und der Lebensverhältnisse über einen längeren Zeitraum hinweg noch einmal erlebt und als emotional veränderbar vorgestellt werden.

Nach den mir zugänglichen Informationen suchen nur sehr wenige Einheimische, die sich von Fremden *existentiell* bedroht und verfolgt fühlen, das Gespräch mit Psychologen. Ihr Weg führt sie in vielen Fällen fatalerweise gerade in Angst verstärkende Agenturen des Hasses. Die »normalen« individuellen Empfindungen der Distanz des Einheimischen zum Fremden und des Sich-Bedroht-Fühlens werden im Rahmen einer Fremdenhass-Ideologie unkontrollierbar und entindividualisiert.

In solch einer gesellschaftlich aufgeheizten Situation wird das Problem der *Fremdheit* in seiner ganzen, ihm eigenen Konflikthaftigkeit greifbar. Wenn der Fremde zu einem identitätslosen Teil einer anonymen Masse, die sich wie ein Tsunami auf uns zubewegt, gemacht wird, drückt sich die phantasmatisch übersteigerte *Fremden*-Überflutung als *Angst*-Überflutung im Einzelnen aus. Die Abwehr und der gewaltsame Ausschluss des Fremden erscheinen dann als ein folgerichtiger und lebensnotwendiger Selbstschutz.

Einheimische empfinden ihre Angst vor den Fremden als begründet und vernünftig und geben Äußerungen, die sie gegenüber Fremden selbst gemacht oder gehört haben, ohne jede Einschränkung als gerechtfertigt wieder: »Du gehörst nicht in unser Land.« »Du bist eine Gefahr für unsere Frauen und Kinder.« »Ich laufe allein oder mit meinem Kind schnell weg, wenn ein arabisch aussehender Mann oder eine verschleierte Frau auftaucht.« ... Es sind vor allem solche Äußerungen und die sie begleitenden Gesten und angsterfüllten Blicke der Einheimischen, die die erlittenen Traumatisierungen der Flüchtlinge weiter verfestigen. In Gesprächen, die ich selbst führen konnte, wurde oft gleich zu Beginn die verheerende Wirkung von Angst potenzierenden Wörtern wie »Invasion der Muslime«, »Flüchtlingsströme« und »Flüchtlingswellen« überdeutlich.

Die sich auf diese Weise Äußernden können nur schwer die Tragweite ihrer Verhaltensweisen und ihrer Wortwahl nachempfinden. Auch sind sie der Auffassung, der Fremde solle grundsätzlich von Dankbarkeit erfüllt sein, sich überhaupt hier aufhalten zu dürfen. Alle Arten von Demütigung und Kränkung, die die Geflüchteten ständig erfahren – und unter denen sie, trotz der auch erlebten Glücksmomente, extrem leiden –, erwachsen aus konkreten Konfliktsituationen und aus einem allgemeinen Lebensgefühl: oft selbst mittellos und ausgeschlossen, der Heimat und der Familie beraubt zu sein und sich einem unfassbaren Wohlstand, Reichtum und Luxus gegenüberzusehen.

Eine Schwierigkeit besteht darin, immer wieder betonen zu müssen, dass die stets wiederkehrenden Angstzustände, Schlaf- und Konzentrationsstörungen keine Lappalien darstellen, und nicht damit abzutun sind, dass viele Menschen auch bei uns darunter leiden. Es sollen hier nur zwei Fallbeispiele aus dem therapeutischen Alltag wiedergegeben werden:

Fatima ist acht Jahre alt und kommt aus Bagdad. Im Alter von zwei Jahren erleidet sie während eines Bombenattentats schwerste Verletzungen mit Verstümmelungen. Sie entwickelt ein extremes selbstverletzendes Verhalten. Ohne therapeutische und medikamentöse Behandlung wäre sie kaum überlebensfähig.

Ali ist vier Jahre alt und kommt aus Erbil. Er lebt in einem extrem belasteten familiären Umfeld (Epilepsie, Depression, Verstummen). Nur durch die Einbeziehung der Familiengeschichte erscheint eine Therapie seiner Angstanfälle möglich.

Im Jahr 2015 sind, laut einem Bericht des UN-Flüchtlingswerks und anderer Institutionen, etwa 60 Millionen (2017 etwa 68,5 Millionen) Menschen auf der Flucht beziehungsweise in Situationen der Flucht, Verfolgung und Heimatlosigkeit.

Im September 2016 veröffentlichte UNICEF eine Studie (unter dem Titel »Entwurzelt«), wonach fast 50 Millionen – nach anderen Statistiken erheblich weniger – Kinder weltweit »Migranten« sind. Gemäß einiger Studien flohen 28 Millionen vor Gewalt und Terror. Besonders dramatisch ist die Lage der allein (ohne sorgeberechtigte Begleitung) geflüchteten Minderjährigen. Das Ausmaß der Traumatisierungen, die sie durch den Krieg, den Menschenhandel, die Kinderarbeit, den Armeedienst und die Gewalt in ihren Herkunftsländern bereits erfahren haben und denen sie dann auf der Flucht und schließlich in den Flüchtlingslagern ausgesetzt sind, ist schier unermesslich.

Untersuchungen über das wahre Ausmaß gesundheitlicher und seelischer Störungen und Krankheiten der allein 2015 nach Deutschland gekommenen ca. 30 000 unbegleiteten minderjährigen Flüchtlinge liegen nur in ersten Ansätzen vor und die rein statistischen Erhebungen (zum Beispiel über die 2018 in Deutschland lebenden 44 000 ausländischen Minderjährigen) haben wenig Aussagekraft. Aber auch in der fast täglichen Berichterstattung und den Debatten zur Flüchtlingskrise wird das Thema der Traumatisierung weitgehend ausgespart.

Anfang März 2016 streifte eine alarmierende Information die Nachrichtensendungen. Sie betraf das ganze Ausmaß der Traumatisierungen sowohl bei den nach Europa geflüchteten als auch den in den Ländern des Nahen Ostens umherirrenden Kindern. Bereits nach einem Tag waren die alarmierenden Berichte wieder vom Bildschirm verschwunden, verdrängt von den anstehenden »deals« zur »Bewältigung« der »Flüchtlingskrise«. Im Mittelpunkt stand dabei die am 18. 3. 2016 getroffene und am 4. 4. 2016 in Kraft getretene Vereinbarung der EU mit der Türkei, dass fortan irregulär über die Türkei nach Griechenland gelangte Flüchtlinge in die Türkei zurückgeschickt werden und im Gegenzug EU-Länder für jeden dieser Flüchtlinge einen legal in der Türkei lebenden syrischen Flüchtling aufnehmen.

Solche politischen Aktivitäten sind exemplarisch für die im großen Stil geplanten und durchgeführten Strategien, die nur zu dem Preis zustande kommen, dass die katastrophalen Begleitumstände nicht beziehungsweise nur in einer Fußnote berücksichtigt werden. Dazu gehören unter anderem die völkerrechtlich und asylrechtlich bedenkliche Vorgehensweise bei dem »Austausch« der Geflüchteten. Flüchtlinge werden dabei als verschiebbare Masse angesehen. Dass es sich um einzelne Menschen mit individuellen Schicksalen handelt, wird eher als lästige Begleiterscheinung angesehen.

Den großräumigen strategischen Entscheidungen liegt eine Haltung der Verdrängung der einzelnen Lebensgeschichten zugrunde. Verdrängung heißt in diesem Fall, die Augen vor singulären dramatischen Lebenssituationen zu verschließen. Es bleibt humanitären, medizinischen und therapeutischen Einzelinitiativen überlassen, sich dem geflüchteten Kind, dem Jugendlichen, dem Erwachsenen und der zerrütteten Familie zuzuwenden – und dies nicht nur in den europäischen Lagern, sondern ebenso innerhalb der von Krieg, Terror und Folter beherrschten Länder.

Auch haben wir weitgehend keine konkrete Vorstellung von dem Ausmaß der großen Flüchtlingslager außerhalb Europas. In *Stadt der Verlorenen* hat der Journalist Ben Rawlence (2016) das Flüchtlingslager in Dadaab, im nordöstlichen Kenia, detailliert beschrieben. 1991 gegründet, gilt es mit 400 000 (nach anderen Zählungen: einer Viertelmillion) Flüchtlingen, hauptsächlich aus Somalia, als das weltgrößte Lager. Ausweglose Lebensgeschichten von Familien, die zum Teil vom ersten Tag der Öffnung an hier leben und ihre Kinder zur Welt brachten und bringen. Weniger Transit-Ort als Anti-Lebens-Ort auf Lebenszeit. In einer eigenen »Flüchtlingsindustrie« mit einem komplizierten Zahlungssystem und einer dubiosen »Gesellschaftsstruktur«, mit Märkten und Schwarzmärkten, Fußballmeisterschaften, Krankenhäusern und einem völlig erlahmten sozialen Interesse.

Zumeist vergessen wird, dass viele Menschen im Nahen Osten ununterbrochen auf der Flucht sind. Im Juli 2015 schätzte man – für 2017/18 liegen mir keine verlässlichen neuen Zahlen vor –, dass zwölf Millionen Syrer auf der Flucht sind, von denen 7,6 Millionen Sicherheit innerhalb des Landes in anderen Stadtteilen und Landesabschnitten, bei Verwandten oder auch in Ruinen suchen. Unter diesen Bedingungen sind keine therapeutischen Beratungsstellen im Land möglich. Eine Institution wie der 2003 gegründete Verein »Children of Bagdad« arbeitet im Irak und bildet Einheimische im Umgang mit schwer traumatisierten Kindern aus. In Dohuk, im nördlichen Irak, betreut Salah Ahmad schwerst Traumatisierte und hat die Jiyan Foundation for Human Rights mit elf Traumazentren aufgebaut.

Die Forderung, ankommende Flüchtlinge durch Fingerabdrücke, die Ermittlung des Alters (bei Jugendlichen) und andere Identitätsmerkmale zu erfassen, wird nur als ein formaler Akt im Interesse des eigenen Landes verstanden. Es gibt aber seit 2003 eine EU-Richtlinie (Artikel 17), die die Durchführung eines traumadiagnostischen Screenings bei der Ankunft der Geflüchteten verlangt. Die EU hat Deutschland bis heute erfolglos zu einem solchen Vorgehen und einer sich sinnvollerweise daran anschließenden therapeutischen Behandlung aufgefordert. Ohne Einzelinitiativen – Feldmann und Seidler (2013) geben dazu einen guten Überblick – wäre die humanitäre Katastrophe noch größer und deprimierender.

Die sich bei geflüchteten Kindern herausbildende posttraumatische Belastungsstörung und Identitätserschütterung sind extrem komplex und werden, wenn sie unbehandelt bleiben, auch auf die Folgegeneration übertragen. Das verdrängte traumatisierende Ereignis wird (in den Worten des Psychoanalytikers Werner Bohleber) als »psychischer Fremdkörper« weitergegeben.

Seit 1980 ist dieses psychosozial bedingte Krankheitsbild

international anerkannt, ohne dass die ambulanten und stationären Therapieangebote ausreichend gesellschaftlich und politisch unterstützt würden. Dies verwundert nicht, wenn man sieht, welch geringe öffentliche Anerkennung die Angst- und Traumatherapie selbst in Bezug auf Einheimische erfährt. Es wäre dringend erforderlich, dass ausgebildete Angst- und Traumatherapeuten in die Asylverfahren einbezogen und beratend den Richtern und Justizbeamten zur Seite gestellt würden. So könnte man erreichen, dass das Bleiberecht nicht nur formal, sondern auch nach der Schwere des psychosozialen Traumas entschieden wird.

Die bürokratisch überforderten und psychologisch nicht ausgebildeten Beamten sind nicht in der Lage, bei jedem einzelnen Geflüchteten das spezifische Ausmaß ihrer in der Vergangenheit erfahrenen existentiellen Bedrohungen sowie ihrer aktuellen Angst (vor seelisch nicht zu bewältigender Entwurzelung, sozialer Isolation, andauernder Kränkung und fehlender Anerkennung) zu erfassen.

Viel stärker öffentlich unterstützt und miteinander vernetzt werden müssten die bestehenden Zentren und Kliniken, wie zum Beispiel das Beratungs- und Behandlungszentrum Refugio München, das Asklepios Fachklinikum in Göttingen, das Zentrum für Integrative Psychiatrie in Kiel, eine Abteilung an der Berliner Charité, die Deutsche Gesellschaft für Sozialpädiatrie und Jugendmedizin in Kooperation mit dem kbo-Kinderzentrum und dem Lehrstuhl Sozialpädiatrie TU München, die Centres for Victims of Torture and Human Rights Violations, die Tagesklinik am Berliner Behandlungszentrum für Folteropfer, das Netzwerk für traumatisierte Flüchtlinge in Niedersachsen (NTFN 2012), der Frankfurter Arbeitskreis Trauma und Exil (FATRA 2012 oder das Frühpräventionsprojekt »Erste Schritte« am Frankfurter Sigmund-Freud-Institut). Eine beispielhafte Einrichtung auf ehrenamtlicher Basis hat sich auch in Kassel etabliert, mehr aus dem Zufall heraus, dass der Sozialdezernent im Regierungspräsidium auch Internist und Psychiater ist und sofort die extreme traumatische Störung bei den Geflüchteten erkannte. Anfang 2016 war bereits ein Versorgungsnetz mit 64 Ärzten und Psychotherapeuten im nordhessischen Raum etabliert.

Eine durchgeführte Traumatherapie öffnet auch den Zugang zu anderen, schon länger bestehenden psychischen Störungen, wie etwa Suchterkrankungen und manisch-depressive Erkrankungen, die sich unter Flucht- und Kriegsbedingungen massiv verstärken.

Auch ist es von großem Nutzen, die Ethnopsychoanalyse mit einzubeziehen. Gegenwärtig hat sie sich – über die ethnologische Praxis und Forschung in außereuropäischen Kulturen hinaus – in zwei Richtungen weiterentwickelt: hin zu einem tieferen Verstehen und Deuten des Islam und des Islamismus; und zur therapeutischen Unterstützung der Flüchtlinge bei der Verarbeitung ihrer Traumata, bei der Neuorientierung in den europäischen Gesellschaften, deren Traditionen, Vorstellungs- und Alltagswelten. Der 1951 in Tunesien geborene und in Paris lebende Psychoanalytiker Fethi Benslama hat fünfzehn Jahre lang in der Pariser Banlieue eine kostenlose öffentliche Sprechstunde angeboten und vorhandene Barrieren dank seiner eigenen Mehrkulturalität überbrückt. Sehr verdienstvolle Einzelinitiativen sind auch etwa von Sverre Varvin bekannt, der in seiner therapeutischen Praxis in Norwegen mit Migranten arbeitet und in Forschungszentren an der Analyse der Traumafolgen mitarbeitet.

Von entscheidender Bedeutung ist, dass die Angst- und

Traumatherapie im Rahmen eines umfassenden Vorgehens durchgeführt wird und alle möglichen medizinischen und integrationsfördernden und lebensverbessernden Maßnahmen mit einbezieht.

ABGRENZUNG, VORURTEIL, HASS

Im Grunde ist der Fremde in den elementaren Dingen des Lebens wie wir. Er geht und ruht, er isst und trinkt, er liebt und er hasst. Und doch ist seine Ausgrenzung allen Kulturen eigen, weil er die meisten Dinge eben »anders« tut. Das ist ein universelles Problem, bis in die Sprache hinein. Man denke nur an die Inuit, die diesen Namen, der übersetzt »Mensch« heißt, nur sich selbst vorbehalten. (Den eigenen Stamm, die eigene Völkergemeinschaft derart selbstgewiss als »Menschen« zu bezeichnen, findet sich auch noch in anderen Kulturen.) Die Inuit wiederum werden von ihren Nachbarn nach einer Essgewohnheit – rohen Fisch zu essen – Eskimo genannt. Bezeichnenderweise sind sie uns in dieser Fremdbezeichnung bekannt geworden.

Die Tatsache, dass die Eroberer der Osterinsel Menschen antrafen, die Ratten aßen, bestärkte sie in ihrer Vorstellung, Wilden und Exoten begegnet zu sein. Die Osterinsulaner, die sich dieser »Sitte« entledigten, nannten die anderen Bewohner fortan »Rattenesser«.

Menschen und Völker aufgrund bestimmter Vorlieben, Eigenschaften und Essgewohnheiten zu benennen, hat sich bis in die Gegenwart hinein erhalten. 2018 hat die AfD mit Diskriminierungen wie »Kümmelhändler« und »Kameltreiber« alte Beschimpfungen der Türken wieder aufleben lassen. Enger noch gespannt wird das sprachliche Netz, wenn allein winzige Bärtchen als Stoppeln eines Fundamentalisten, als »Ayatollah-« oder »Hisbollah-Stoppeln« ausgemacht werden.

Besonders signifikante Orte, an denen die Vielfalt von Gerüchen, von Stimmen und Geräuschen, von Geschäftssinn, Alltagsleben und sinnlicher Lust zu einem Ganzen zusammenwächst, sind traditionell die Marktplätze. Zu ihnen gehören wie selbstverständlich die »Exoten aus aller Herren Länder« als »belebendes« Moment hinzu.

Wo liegt der neuralgische Punkt, an dem dieses Miteinander in ein Gegeneinander umschlägt? Es gibt eine imaginäre Grenze, jenseits derer der Andere als Bedrohung für lieb gewordene Vorstellungen und Werte, für die eigene Gesellschaft und Kultur empfunden wird. Dann werden auf ihn gebündelt Vorurteile projiziert, die sich der subjektiven Kontrolle und Überprüfung entziehen. Das Fremdsein wird zum Stigma.

Der einzige Hinweis, den es in meinem Elternhaus in den 50er/60er Jahren auf die Existenz anderer Völker gab, war ein vernichtender: Die Botokuden, Indianer in den Wäldern des südöstlichen Brasiliens (die praktisch ausgerottet worden waren), repräsentierten in jenen Jahren die Abwesenheit jeglicher Kultur, galten als Inbegriff des Barbarischen und Kriegslüsternen. Es waren Projektionsflächen, um für einen Augenblick vom eigenen Barbarischen und Welt-Zerstörerischen abzulenken.

Heute überbieten sich alltägliche extreme Verknüpfungen von ideologisch verhärteten irrationalen Ausgrenzungen der Fremdheit und des Fremden. So erhielt ein kongolesischer Pfarrer in einem bayerischen Dorf Morddrohungen, weil er die rassistischen Äußerungen der CSU-Ortsvorsitzenden in Bezug auf die Flüchtlinge von der Kanzel aus kritisiert hatte. Er untergrabe die »deutsche Art und Rasse«. Auch wenn sich große Teile seiner Gemeinde hinter ihn stellten und die beiden CSU-Politiker zurücktreten mussten, sah sich der Pfarrer gezwungen, den Ort zu verlassen. Aggressionen, Rassismus, Fremdenhass und Vorurteile waren auf unerträgliche Weise miteinander verschmolzen.

Vorläufige Urteile werden nur dann zu Vorurteilen, wenn wir sie trotz besseren Wissens nicht zurücknehmen können. Das rassistische Vorurteil, das latent immer vorhanden und an ein national unterschiedlich ausgebildetes Überlegenheitsgefühl gekoppelt ist, ist eines der am schwierigsten aufzulösenden.

Der Antisemitismus beweist auf erschütternde Weise, wie unterschiedliche Merkmale zu einer »Art« stilisiert werden und willkürlich eine »minderwertige Rasse« bestimmt wird.

Eine »Disposition« für Vorurteile jeder Couleur sei immer »gegeben« und könne sich »bei einer Veränderung der Verhältnisse epidemisch ausbreiten« – so die 1962 von der Deutschen Gesellschaft für Psychotherapie und Tiefenpsychologie formulierte Sorge um den scheinbar gedämpften Antisemitismus. Im Dezember 2017 (nach Donald Trumps Entscheidung, Jerusalem als Hauptstadt Israels anzuerkennen) artikulierte sich bei den propalästinensischen Demonstrationen in Berlin unverhohlen ein Judenhass. Die daraufhin gegründete »Salam-Schalom-Initiative« vereinte dann partiell junge jüdische und muslimische Menschen im Kampf gegen Antisemitismus und Islamophobie.

Im April 2018 erzwangen mehrere Übergriffe auf Juden sowie die Zunahme von antisemitischen Hasstiraden im Netz und die »Echo«-Musikpreisverleihung an zwei Rapper mit antisemitischen Songs zumindest zeitweise eine grundsätzliche Neuaufnahme der Thematik und die Einsicht in die Notwendigkeit einer gesamtgesellschaftlichen Diskussion. In den Vordergrund rückte wieder die pädagogische und bewusstseinsorientierte Schulung auf allen Ebenen der Gesellschaft und erstmals die vorbehaltlose Einbeziehung des vorhandenen Antisemitismus bei bestimmten muslimischen Gruppierungen.

Ist erst einmal eine abwertende Charakteristik anderer Kulturen und Religionen gefunden oder erfunden, läuft jede Konfrontation wie ein innerer Film (mit einer quasi archaischen Struktur) nach diesem Muster ab.

Die auf die Werte Europas fixierte *euro*zentristische Einstellung ist ein Sonderfall des *ethno*zentristischen Gefühls eigener Vorbildlichkeit, das auch anderswo wirksam war und ist: Im 16. Jahrhundert etwa war der Ethnozentrismus in China mindestens ebenso stark ausgeprägt wie in Europa. In der japanischen Literatur des beginnenden 19. Jahrhunderts tauchen die Europäer als »Barbaren« auf. Ihr Auftreten erschrecke, so hieß es, durch plumpe Rücksichtslosigkeiten. Auch würden sie sich ohne Anstand und Eleganz bewegen, drückten sich äußerst ungeziemend aus und behandelten sich untereinander mit einer Roheit, die den Japaner konsternierte. China besiegelt 2018 seinen Aufstieg zu einer führenden Weltmacht mit einer an die Glorie größter Herrscherzeiten erinnernden Festschreibung des Staats- und Parteichefs Xi Jinping »auf Lebenszeit«. Dies wirkt wie eine späte Rächung der eurozentristischen Übermacht.

Menschen anderer Kulturen, so äußerte einmal ein Schweizer Politiker, gehörten nicht in sein Land; nicht weil sie minderwertig, sondern weil sie »derart verschieden von uns« seien. Dieser »Differenzialismus« – eine Art wohlwollender

Rassismus – ist zwar Ausdruck einer offenen Feindseligkeit, aber noch kein Hass. Zum Hass steigert sich diese Haltung, wenn sie zu aggressiven Aktionen, zur Verleumdung und Diskriminierung von »derart verschiedenen« Menschen aufruft und sich durch die direkte Verbreitung und Multiplikation im Netz und deren rechtspopulistische Nutzung verstärkt.

Sprengen diese medial aufgeladenen Gewalt- und Zerstörungsphantasien in ihrer *Struktur* alle früheren destruktiven Potentiale der Menschen und der Gesellschaften? Sie erhöhen in jedem Fall frühere Geschwindigkeitsgrade bei der *Ausbreitung* des Hass- und Fanatismusklimas. Und dagegen kann auch das 2018 in Kraft getretene Netzwerkdurchsetzungsgesetz (das sich gegen die Betreiber von sozialen Netzwerken richtet, in denen menschenfeindliche und rassistische Hasskommentare und Volksverhetzungen veröffentlicht werden) wenig ausrichten. Das Gesetz reicht nur an Oberflächen und die Folgen von Hass und Volksverhetzungen heran und kann im besten Fall peripher in solche Netz-Diskurse eingreifen, sie aber im Kern nicht in ihren Exzessen regulieren.

Wenn wir feststellen müssen, dass die Geschwindigkeit, mit der sich das Hass- und Fanatismusklima heute ausbreitet, ungleich beschleunigt ist, muss man sogleich hinzufügen, dass sich auch die Ansteckungsgefahr extrem erhöht hat, die von Politikern ausgeht, die solche Hassparolen verbreiten, wie zum Beispiel die AfD-Politikerin Beatrix von Storch, die von »barbarischen muslimischen gruppenvergewaltigenden Männerhorden« sprach. Gemeint sind auch die Politiker, die es sich zunutze machen, im Namen des »Volkes« und »Volkswillens« zu sprechen, nur um einen weiten Resonanzraum für Hass, Fanatismus, Rassismus zu schaffen. Dabei gilt es zu unterscheiden zwischen einer pseudowissenschaftlich angelegten *Rassenideologie* und einer von Einzelnen vorgetragenen erniedrigenden Aggression, die man einen *individual-pathologischen Rassismus* nennen könnte. Dafür ist Donald Trumps Rede von »Drecklöchern« ein sprechendes Beispiel. Damit setzt er Präsident George W. Bushs Diskriminierung der Länder des Nahen Ostens als »Schurkenstaaten«, als »Reich des Bösen« und »Achse des Bösen« in den Jahren um 2013 fort. Eine ganze Nation zeigte sich nach dem 11. September tief narzisstisch gekränkt, und dies in einem derart propagandistisch angefeuerten Ausmaß, dass die Kriegserklärung an Saddam Hussein als einzig angemessene Antwort erschien. Dazu bedurfte es aber auch einer psychologischen Kriegsführung, einer Hochstilisierung der Opferrolle und eines gewünschten Auslöschungskriegs im Namen und als Statthalter des Guten, auf dass sich fortan niemand mehr erlaube, die Supermacht zu kränken.

Gegenüber dieser auf die gesamte Nation ausgeweiteten Kränkung – ich habe das 2003 unter dem vielleicht etwas zu kühnen Titel *Die gekränkte Supermacht. Amerika auf der Couch* zu analysieren versucht – spielt Trump seine narzisstische Kränkung (ohne sich als Statthalter des Guten auszugeben) als eine Privatinszenierung durch. Wenn Donald Trump im Januar 2018 von *shithole countries* spricht, führt er im Grunde gar kein geschichtlich orientiertes Gespräch mit anderen Ländern, wie Haiti, El Salvador und afrikanischen Staaten, und deren Menschen, sondern ein Zwiegespräch mit den dunklen Seiten in sich selbst. Signifikant ist, dass dies Trump, nach einer Aufzeichnung von Michael Wolff in seinem Buch *Fire and Fury*, in etwa selbst so gesagt haben soll: »Ich rede mit mir selbst.«

Im Grunde sieht er nur die eigene Person als real an. Auch wenn er Fernsehen schaut – was den überwiegenden Teil seiner »Arbeitszeit« beansprucht –, nimmt er letztlich nur sich selbst wahr. Ebenso wenn er Delegationen oder Einzelpersonen aus Politik und Wirtschaft empfängt, was (zusammen mit dem Golfspielen) den Rest der Zeit ausmacht, sieht er sich in allem nur in seiner Grandiosität widergespiegelt. So führt er das Leben in einer Ersatz-Reality-TV-Show, die ausschließlich auf ihn zugeschnitten ist. Er plaudert über sich, *mit* sich. Dies ist der seltene Fall eines Menschen, dem (als Präsident der Vereinigten Staaten) die ganze Welt Tag und Nacht geöffnet ist, der eigentlich von Fremdheit überflutet wird, wovon aber nichts in ihn eindringt. Wenn ihn auch nur ein Anflug von Fremdheit – in Gestalt einer Kritik oder Kränkung oder einer Information über irgendein anderes Land oder einen Kontinent, die er oft überhaupt nicht lokalisieren kann – erreicht, attackiert er die Fremdheit wie einen Feind und löscht sie, in einer Art Kriegshandlung, in seinem Wahrnehmungshorizont aus. In einer solchen Totalität der Exklusion von Fremdheit erscheinen singuläre Anordnungen von ihm, wie zum Beispiel eine Mauer zu Mexiko hin zu bauen und Einreiseverbote zu verhängen, sowie alltags-rassistische und hetzerische Auswüchse geradezu als überschaubar.

Es ist eine ganz andere Art der Welteroberung, die er praktiziert, als etwa die, die Hans Jonas mit »Alexandersyndrom« gekennzeichnet hat, allerdings mit einer vergleichbaren Folge, die des Zerfalls im Inneren des Landes: Immer wenn Alexander der Große an Grenzen stieß, hat er sie in einem Expansionswahn kriegerisch überschritten. Je größer das Reich auf diese Weise nach außen hin wurde, desto mehr zerfiel es im Inneren.

Im Grunde erscheinen Trump die anderen Länder gar nicht wert, erobert zu werden, nur wert, sich von ihnen fernzuhalten.

»NORMAL«, DIE GRENZE DES VORSTELLBAREN UND DIE TRAVESTIE

Wo verläuft die Grenze zwischen einem *individual*pathologischen und einem *kollektiv*pathologischen Verhalten? Wann verbleibt eine Störung oder auch nur Besonderheit oder Skurrilität im privaten Lebensbereich und wann greifen sie über in weltpolitische Entwicklungen und Konflikte?

Eng verbunden damit ist die Frage, wann Störungen die Grenze zum gänzlich »Anomalen«, das außerhalb des Vorstellbaren zu liegen scheint, sprengen. Sich damit auseinanderzusetzen fällt den Menschen besonders schwer, wenn sich das »Anomale« in der ihnen vertrauten Welt abspielt. Wie sollen sie sich vergegenwärtigen, dass ihr Nachbar, mit dem sie sich seit Jahr und Tag über das Wetter und das Wohlergehen der Familie austauschen, dass ihr Vorgesetzter oder ihr bester Freund maßlos die Grenzen der Moral überschritten haben? Offensichtlich sind die alltäglichen Lebens- und Arbeitsbedingungen nur dann erträglich, wenn wir ihnen die klare Unterscheidung von normal und anomal, von rational und irrational entgegensetzen. *Unser* Nachbar muss ein guter Mensch sein. Sonst stellt sein Exzess auch unsere Moral infrage.

Die eigene Kultur muss sich grundsätzlich positiv von den fremden Kulturen absetzen, sonst verunsichert dies unser Wert- und Selbstverständnis. Der fremden Kultur Misstrauen entgegenzubringen erscheint naheliegend. Diejenigen, die sich aus Interesse anderen Kulturen zuwenden, tun dies in der Regel ohne oder mit wenig Misstrauen. Ihr Blick aber ist zumeist auch verzerrt, insofern er kulturell codiert ist. Es ist ein Balanceakt, die »Normalität« und die »Besonderheit« zu erkennen und zu bewerten.

Die eigene Kultur nicht als alleinigen Maßstab der Normalität zu nehmen, erfordert einen grundsätzlichen Perspektivenwandel. Es heißt anzuerkennen, dass alles, was einem selbst als normal und selbstverständlich erscheint, in einer anderen Kultur gegenteilig begriffen werden kann und dass auch in unseren Traditionen ständig elementare Systemveränderungen und -verkehrungen, Umwertungen und Neusetzungen möglich sind, stattgefunden haben und stattfinden.

Wir müssen lernen anzuerkennen, dass es in allen Gesellschaften Einbrüche von Fremdheit in das scheinbar normale und geregelte Alltagsleben gibt, die unsere Vorstellungskraft zu übersteigen scheinen: wenn das Band friedlich zusammenlebender Menschen wie in einem Wahn zerrissen wird, eine Gruppe (zum Beispiel in Ruanda die Hutus) in einem entfesselten Massaker die Nachbarn auszulöschen droht und die Mörder danach ein »normales« Familienleben führen; wenn ein führender SS-Offizier oder eine KZ-Leiterin nach dem Krieg als arbeitsamer Familienvater und als liebevolle Mutter leben, so, »als sei nichts geschehen«. Waren sie vorher »Unmenschen«, und sind sie jetzt »Menschen«, oder leben sie unter einer Maske als »Bestien« weiter? Wir personalisieren das Gute und Böse, wenn es besonders massiv auftritt, und machen daraus *den Guten* und *den Bösen*: also eindeutige Charaktere, denen wir Übergänge nicht zugestehen und die wir entweder »in den Himmel loben« oder »mit Stumpf und Stiel« ausrotten möchten. Wir flüchten uns in die Vorstellung, dass das »Anomale« eine Ausnahme, außerhalb von uns, darstellt.

Navid Kermani hat einmal geäußert, dass selbst die »großen Momente und Gefühle nicht isoliert von den Banalitäten« stattfänden und dass es selbst bei der Kreuzigung Christi sicher Orangenverkäufer gegeben habe, »die einfach nur ihre Orangen verkaufen wollten«. Wie weit greifen Ereignisse außerhalb des Alltäglichen tatsächlich in das *Bewusstsein* der Menschen ein? In seinen »Hamlet Letters« erinnert sich Henry Miller an Kartenspieler in Bordeaux, die auch während des Zweiten Weltkriegs nur in Ruhe und Frieden gelassen werden wollten und denen alles andere gleichgültig war.

Der Philosoph Louis Bourdeau schrieb ganz in diesem Sinn von Miller und Kermani in einem 1888 erschienenen Buch: »Welche Ereignisse auch eintreten mögen, jeder geht weiterhin seinem gewohnten Beruf nach. Man sät, man erntet, man produziert, man verkauft, man kauft, man konsumiert nach seinen Bedürfnissen und Gepflogenheiten ...« Er verweist darauf, dass in den »finstersten Tagen der Schreckensherrschaft« in Paris dreiundzwanzig Theater gediehen, man auch Rührstücke und Schwänke spielte und die Promenaden stark belebt waren.

Am Ende des Kapitels »Die vielen Gesichter der Fremdheit« fragte ich nach dem Verhältnis der großen Geschichte zu den kleinen, für den Lauf der Welt unerheblich erscheinenden (Lebens-)Geschichten. Oder bildhaft gesprochen: Was sehen wir als Beobachter vom Standpunkt zeitlicher Distanz zum Geschehen – gleichsam vom Ufer aus auf das Meer geschaut – und was im individuellen Erleben und in unmittelbarer Teilhabe am Auf und Ab der Wellen in stürmischer See? Die Fruchtbarkeit der Verknüpfung und der Überlagerungen beider Perspektiven ist offensichtlich.

Als ich in den 1980er Jahren in einer marokkanischen Großstadt einen Film über die Nürnberger Prozesse mit Maximilian Schell in der Hauptrolle sah, jubelten die Zuschauer den Massenmördern wie Wildwesthelden zu. Sie konnten nicht zwischen Fiktion und Geschichte unterscheiden. Der Film lieferte ihnen – wie auch die vorausgegangene Werbung – nur Bilder, ohne jede Anleitung, wie sie diese zu verstehen hatten. So können auch Mörder bejubelt werden, und man kann an Tausenden von Getöteten vorbeisehen. Bilder interpretieren sich nur dann von selbst, wenn der Kontext, aus dem sie stammen, kulturell identisch mit der Lebensgeschichte der Zuschauer und ihrer Vorstellungswelt ist.

Ist das denn alles vorstellbar? Ein Krieg, ein Massenmord, ein Giftgasmord? Wie viele Tote können wir uns überhaupt vergegenwärtigen: 100, 1000, 10000, eine Million? Schwindet der emotionale Realitätsgehalt nicht mit wachsender Zahl (und zunehmender Ungeheuerlichkeit)? Je mehr Tote, desto weniger wirklich kommen sie uns vor. Desto stärker scheinen sie in Fiktion überzugehen.

Eine Reportage zeigte einmal eine Frau und welcher Mittel sie sich bediente, um die apathische Reaktion ihrer Mitbürger zu verändern, zu einer Zeit, als immer unvorstellbarere Zahlen von Judenmorden bekannt wurden. Sie hatte verstanden, dass die Hunderttausenden von Toten kaum noch Äußerungen des Mitleids und der Trauer bei ihren Nachbarn hervorriefen. Sie hatte verstanden, dass nur der einzelne Mensch berührt; nur wenn er als Freund, als Vater, Sohn, Tochter oder Verwandter vorstellbar wird, wendet man sich ihm kontinuierlich mit den eigenen Gefühlen zu. So klebte die Frau Fotos von Vermissten auf ein Plakat, hielt es den anderen unter die Nase und erzählte zu jedem Gesicht eine Geschichte. Sie wurde also ganz »konkret«. Oder etwa nicht? Welcher Technik bediente sie sich? Sie verwandelte sich in eine Magierin. Sie beschwor die Macht der Bilder. Sie ließ die Zeichen sprechen, verschmolz für Minuten mit den anderen Körpern, sprach gleichsam mit deren Stimme. Es waren ja Bilder und keine lebenden Menschen. Sie verlebendigte, behauchte Glanzpapier mit ihrem Atem, entfaltete einen Raum, wo eigentlich nur Fläche war. Sie abstrahierte vom bloßen, toten Bild, hob es in seiner Konkretion auf. Sie verstand sich, im Namen des Konkreten, auf die Kunst des Abstrahierens.

Fünf, sechs Millionen ermordete Juden: Das ist in unserer Vorstellung und Empfindung nicht sechsmillionenfach so stark wie das Bild *eines* ermordeten Juden – übersteigt doch schon der individuelle und kollektive Wahn, *einen* Juden und damit eine ganze Kultur (einen unersetzbaren Baustein der Menschheitsgeschichte) zu zertrümmern, unsere Erträglichkeitsgrenze. Diese lässt sich jedoch manipulieren und ein Stück weit neutralisieren. Der Schriftsteller Felix Philipp Ingold, der sich mehrfach mit dem modernen Luftkrieg auseinandergesetzt hat, weist auf die Berichte aktiver Militärs hin, in denen von der Erfahrung die Rede ist, »dass mit zunehmender Distanz zu einem Zielobjekt die Hemmung vor großflächiger Zerstörung und massenhafter Tötung schwindet«. Ferngesteuerte Raketen und Drohnen haben diese Erfahrung »normalisiert«. Der Feind wird zu einer »neutralen Abstraktion«. Die Distanz zu den Opfern und ihre Anzahl, die jegliche Vorstellungskraft übersteigt, lassen die emotionale Bindung schwinden. Vernichtung erscheint nur noch als technischer Vorgang.

Wenn »Tatsachen« und »Zahlen« das Maß der Überschaubarkeit übersteigen, rücken der Andere und der Fremde, die Andersheit und die Fremdheit in eine emotionsfreie Zone.

Das Fremde verstehen wir nicht, wenn wir nicht emotional Anteil nehmen können. Aber der Emotionalität sind Grenzen gesetzt. Wie viel Fremdheit – in welcher Gestalt auch immer – erscheint noch als erträglich?

Im Zeichen der Flüchtlingskrise erfuhr diese Frage eine extreme Verengung und Verzerrung. So niedrig man auch die »Obergrenze« – ein mehr und mehr entleerter, nur noch strategisch verwendeter Begriff – ansetzt, die Fremden werden latent immer als eine reale Bedrohung der eigenen »nationalen« Identität wahrgenommen.

Ein kurzer Streifzug in die europäisch-außereuropäische Vergangenheit zeigt, dass die ersten als »Exoten« wahrgenommenen Fremden in Europa zwar wie Wesen von einem anderen Stern angestaunt, aber nicht generell feindlich behandelt wurden. Im Gegenzug zu den Fremden, die es in europäischen Ländern sogar zu angesehenen Stellungen bringen konnten, entwickelte sich in Europa ein Exotismus in die Gegenrichtung, ein Eskapismus in eine gänzlich unvertraute Lebenswelt und Lebensform.

Einige Reisende und Forscher entwickelten dabei sogar eine hohe Kunst der Travestie, gaben sich (wie zum Beispiel der Arabien- und Afrikareisende Richard F. Burton) als persischer Händler oder Edelmann, als afghanischer Arzt oder wandernder Derwisch aus. Einige wurden zu Spezialisten für das Liebesleben im Orient, frönten Ausschweifungen und nutzten die Verwandlungskunst für die Befriedigung ihrer Triebwünsche.

Der Ethnologe Karl-Heinz Kohl hat in seinem Buch *Abwehr und Verlangen* die großenteils abenteuerliche Travestie an vielen Beispielen von Überläufern in grundlegend anders strukturierte Gesellschaften rekonstruiert und beschrieben, wo die Grenzen der kulturellen Konversion und der angestrebten Aneignung der anderen Lebensform lagen: zum Beispiel bei James Robert Fletcher (dessen Briefe aus der Südsee unter dem vielsagenden Titel *Inseln der Illusion* erschienen); bei Richard F. Burton, der auch dank seiner Lust an Sprachen zum Scheich Abdullah avancierte; bei zum Teil trostlos an Land gespülten Weißen (den sogenannten Beachcombers, von denen sich nur einige wenige im anderen Leben behaupten konnten); bei Thomas Edward Lawrence im Gewand eines einheimischen Wüstenkämpfers; bei wohlhabenden Abenteuer- und Entdeckungsreisenden, wie etwa Sir Joseph Banks, der in der Südsee glaubte, das Land der freien Liebe gefunden zu haben, und tatsächlich zahlreiche intime Beziehungen zu tahitianischen Frauen einging, aber letztlich darin eher eine »unverbindliche Travestie in ein anderes Dasein« sah.

Die Lust der Travestie endete oft in der Anonymität und einer nur schwer wieder zu erlangenden Eingliederung in die eigene Kultur. So blieben die europäischen Überläufer Vereinzelte, Enttäuschte, doppelt Entwurzelte: Die alte Welt war ihnen fremd geworden – die Mühe der Jahre habe ihn um sein »englisches Ich« gebracht, notiert Lawrence von Arabien, und sein Wunsch, in die arabische Haut zu schlüpfen, sei ihm nicht wirklich gelungen, er habe nur so getan: »Ich hatte eine Form abgestreift, ohne eine andere anzunehmen; und das Ergebnis war ein Gefühl tiefster Vereinsamung.«

Und umgekehrt? Die ersten Wege der Fremden in die europäische Kultur und Lebensform, beladen mit Wünschen und Phantasien eines anderen Lebens? Zu Beginn wurden die als Exoten angesehenen Fremden, die nach Europa kamen, als ungefährliche Einzelne angesehen. Dann aber wandelte sich das Bild. Auf den »Kulturkontakt« – so der Kulturwissenschaftler Urs Bitterli in seiner Studie *Die »Wilden« und die »Zivilisierten«* – folgten vernichtende »Kulturzusammenstöße«, aber auch Formen der »Akkulturation« und »Kulturverflechtung«. Es entstanden neue »Mischkulturen«: Vorläufer der Zusammenballung unterschiedlichster Ethnien in den Großstädten des beginnenden 20. Jahrhunderts und schließlich der multikulturellen Gesellschaften.

An den Schnittpunkten, an denen die ethnozentristische Einstellung sich nicht xenophobisch radikalisiert, sondern als ein bewusstes Zugehen auf den Fremden genutzt wird, findet ein sozialer Reifungsprozess statt. Dessen größter Widerpart sind rechte politische, ethnische und religiöse Ideologien, mit Macht ausgestattete Hetzer sowie gruppendynamische Prozesse der Feindbildung und Ausgrenzung, die heute das ganze Konstrukt »Europa« zu zerstören drohen.

ATMOSPHÄRISCHE UND KULTUR-
VERGLEICHENDE ANNÄHERUNGEN
AN DAS BILD VOM FREMDEN

Im Nachkriegsdeutschland galt die ethnische und nationale Einheitskultur als Idealbild. Die 50er Jahre (in denen man sich noch nicht existentiell von Ausländern bedroht fühlte) wurden dann in den 90er Jahren als »sauber« glorifiziert. Man vergaß dabei den gesellschaftlichen Mief, die damals empfundene Enge und auch die Tatsache, dass Deutschland nach 1945 mit 12 (nach anderen Statistiken: 13) Millionen Heimatvertriebenen nicht als homogen bezeichnet werden konnte. Wenn sie in den 90er Jahren umworben wurden, um sie vom Feindbild »Asylant« abzusetzen, wollte man den Schleier des Vergessens darüber breiten, dass sie in der Adenauer-Ära auch nicht gut behandelt worden sind.

Die massenhafte Konfrontation mit Fremden stärkt – selbst wenn sie nur aus der Ferne über medialen Austausch geschieht – irrationales Verhalten. Das Ausgrenzungs- und Abgrenzungsverhalten, wie wir es kennen, tritt so nicht in allen Kulturen auf. Wenn Fremde in traditionsgeleiteten Gesellschaften schneller integriert wurden, bedeutete dies jedoch nicht, dass die Menschen in diesen Gesellschaften aggressionsfreier gewesen wären als wir, sondern in manchen Fällen nur, dass die Aggressionen weniger gegen Einzelne gerichtet waren.

Das Fremde und der Fremde werden in allen Gesellschaften, in einer Art Habtachtstellung, bewusst wahrgenommen. Wenn man auf den Fremden ethnozentristisch reagiert, ist damit noch nicht selbstverständlich eine Ausgrenzung verbunden. Es ist sogar der Fall bei den vor allem an der Elfenbeinküste und in Ghana lebenden Agni oder Anyi – einer traditionell matrilinear strukturierten Ethnie mit heute etwa einer Million Mitgliedern – bekannt, dass der Fremde nicht gehasst wurde, obwohl den Fremdarbeitern bald schon das ganze Land gehörte. Sie seien, sagte man, einfach tüchtiger als man selbst. Feindschaften im eigenen Clan dagegen erschienen geradezu selbstverständlich.

Von einer Ethnie im Amazonasgebiet war bekannt, dass sie in Nachbargebieten Kopfjägerei betrieb, was sie indes nicht davon abhielt, gleichzeitig mit den dort lebenden Völkern einen intensiven Tauschhandel und damit enge Beziehungen zu pflegen. Die Untersuchungen der Ethnopsychoanalytiker Parin und Morgenthaler haben gezeigt, wie die im östlichen Mali lebenden und für ihre Masken und Rituale berühmten Dogon eine breite Palette von Reaktionsformen auf den Fremden und das Fremde entwickelt hatten: Fremdes in seiner Form bestehen zu lassen und daneben eine Reihe ritueller Einrichtungen zu pflegen, die der Integration von Fremden und dem Ausgleich von Spannungen mit benachbarten Völkern dienten.

Paul Parin hat auch darauf hingewiesen, dass es Stämme gab (zum Beispiel im Bergland von Papua-Neuguinea), die in regelmäßigen Abfolgen untereinander Scheinkämpfe ausfochten, um innere Spannungen abzubauen, und auf diese Weise ihr Gefühl der Geschlossenheit stärkten. Es gibt ethnozentristische Exerzitien, die noch nicht in die Kategorie von Fremdenhass fallen. Damit es zu Hass kommt, muss sich das Gefühl, existentiell und in den eigenen Lebensformen bedroht zu werden, rapide ausbreiten und gruppendynamisch gesteigert werden.

Ängste vor Überfremdung orientieren sich weniger an realen Zahlen der Einwanderer als an deren Überhöhung in der Vorstellung. Während der Soziologe und Politikwissenschaftler Claus Leggewie lange Zeit die Schweiz insofern als vorbildlich ansah, als sie eine übergreifende politische Form für das Zusammenleben gefunden hätte, stellte Paul Parin die Willkür heraus, mit der in der Schweiz massenhaft ausländische Arbeiter ausgewiesen wurden, wenn man sie kurzfristig nicht mehr brauchte. Frankreich wiederum betrieb eine Art kultureller Assimilationspolitik mit dem Ziel, »gemischte« Identitäten herauszubilden; auf eine sogenannte »rassische« Qualifikation legte man weniger Wert. Vom Fremden wurde lediglich verlangt, dass er sich (in kolonialistischer Tradition) zur Französischen Republik bekannte.

Dass der Ethnozentrismus nicht grundsätzlich eine Vorstufe des Fremdenhasses ist, sondern geradezu als Schutz funktionieren kann, zeigt sehr deutlich das Beispiel der Jatmul entlang des mittleren Sepik auf Papua-Neuguinea. Sie hielten ihre Gesellschaft für die beste aller existierenden. Trotz dieser »Hybris« war ein Hass auf Fremde aus anderen Gesellschaften bei ihnen so gut wie unbekannt. Das heißt durchaus nicht, dass man nicht herablassend selbst auf die nächsten Nachbarn schaute und sich darüber mokierte, wie »die« im nächsten Dorf tanzen und sprechen.

Man hat traditionellerweise immer gute Feinde gehabt, mit denen man kämpft. Das ist ein Teil des Lebens und wird nicht ideologisch überhöht. Die Jatmul – im Übrigen ein Name, der ihnen, da sie für sich selbst keine einheitliche Kennzeichnung kannten, von dem Anthropologen Gregory

Bateson 1929 verliehen wurde – haben die von ihnen so hoch besetzten Gefühle der Autonomie dadurch zu retten versucht, dass sie sich auch gegenüber den mächtigen Weißen als selbständig Handelnde und nicht als Opfer darzustellen versuchten.

Solange wir das Fremde und den Fremden jenseits unseres gesellschaftlichen und kulturellen Systems (mit dem ihm eigenen humanistischen und demokratischen Selbstverständnis und Bewusstsein) etablieren, sind wir nur mit scheinrationalen *Techniken* der Integration (im Sinne von Gleichmachung) oder Maßnahmen der Ausschließung beschäftigt. Den heutigen westlichen multikulturellen oder synkretistischen Gesellschaften scheint kaum noch eine visionäre Kraft innezuwohnen. Die Multikulturalität wird als Faktizität verwaltet, aber nicht entscheidend konstruktiv weiterentwickelt.

Zu viel Fremdheit und Elend scheinen unser Selbstwertgefühl, unser Sozialprestige, unser Ordnungswille und unsere Gesetzestreue nicht kontinuierlich zuzulassen. Nur sporadisch, wie auf exemplarische Weise 2015, taucht der moralische Imperativ als Mahnung auf: dem übernationalen und überreligiösen Recht auf allgemeine Menschenrechte Gehör zu verschaffen. Ein solches höheres Recht hat, zeitlich limitiert, die Kraft, geltende Vorschriften, Regeln und Prinzipien sowie starre Ordnungsvorstellungen auszusetzen.

Im Oktober 2016 streifte die plötzlich bemerkte Absonderlichkeit der »Reichsbürger« die Nachrichten. Die Befremdnis der Bevölkerung über deren Glauben an den Fortbestand des Deutschen Reiches, ihre Ablehnung der gesamten staatlichen Rechtsordnung und die Aktivitäten für den Aufbau einer militärischen Organisation hielt sich in Grenzen. Solche Gefahren innerhalb unserer Gesellschaft erscheinen viel weniger bedrohlich, als wenn sie von Fremden, von außen, »hereinbrechen« würden. (Im Januar/Februar 2018 zählte der Verfassungsschutz 15 600 »Reichsbürger«, von denen tausend einen Waffenschein besitzen.)

Wir haben es also mit individuellen und kollektiven Mischformen pathologischer Ausgrenzungen ganz unterschiedlicher Reichweite zu tun: von kuriosen Absonderlichkeiten bis hin zu Befremdlichkeiten von großer gesellschaftlicher Bedeutung. Dazu zählen Hass- und Hetzkampagnen oder die erwähnte Diskriminierung ganzer Länder als »Drecksöcher«, worin sich ein alltäglicher Rassismus manifestiert und gesellschaftsfähig wird. Was bleiben soll, ist eine Warnung: Achtung! Fremden ist alles zuzutrauen.

Der Fremde, schrieb Elie Wiesel einmal, verkörpere das Unbekannte, das Verbotene und Ausgegrenzte. Man wisse nicht, was er im Verborgenen treibt, vielleicht schmiede er ja Komplotte und Intrigen. Er repräsentiere alles, was wir nicht sind oder nicht sein wollen. Gleicht er am Ende aber vielleicht uns?

FREMD   FREUND

ein Strich nur,
mehr oder weniger,
entscheidet darüber,
ob von
Fremd oder Freund
die Rede ist

Ein Mann läuft, mit den Armen fuchtelnd und Laute von der Art ausstoßend, die einem verstärkten Ausatmen gleichen, durch die Straßen. Jemand fragt ihn, was er denn da mache.
    Ich verscheuche die Elefanten [die Fremden].
    – Aber es sind doch gar keine da.
    – Sehen Sie, wie erfolgreich ich bin! Man darf nur nicht nachlassen. Keinen Augenblick. Verstehen Sie, keinen Augenblick!

VON FREMDHEIT ERZÄHLEN – ABER AUF WELCHE WEISE?

Erzählen meint hier ein breites Spektrum von Sprech- und Darstellungsweisen, in denen alle Formen des Berichts, der Reportage, der Nachrichtensendung und des Films einbezogen sind.

Je länger ich mich mit dem Thema der Fremdheit beschäftigte, desto deutlicher wurde mir, dass wir niemals jenseits einer bestimmten *Erzählform* von Fremdheit und Fremden sprechen können. In der Regel werden die Erzähl- und Darstellungsformen gegeneinander abgegrenzt. Dabei sind die Nachrichtensendungen am stärksten auf Neutralität, Objektivität und Faktizität bedacht, wobei sie in den Fake News einen internen Widersacher und ein grundsätzliches Misstrauensvotum erhalten haben. Die Fälscher greifen bewusst verfälschend ein und geben der literarischen und filmischen Technik der Fiktionalisierung eine abwertende, verschleiernde und orientierungsverzerrende Bedeutung.

Während jede sogenannte Faktizität immer gleichsam selbsttätig Verzerrungen, Verschiebungen und Deutungen unterworfen ist, sobald wir sie vermitteln, besteht das alleinige Interesse der Fake News in der Produktion des Falschen. Unsere darauf gelenkte Aufmerksamkeit schränkt unseren Blick für andere feine, subtile In-Szene-Setzungen und Verknüpfungen ein. Von den Machern, aber sicher auch von den Zuschauern weitgehend unbemerkt bleiben zumeist gleitende

Übergänge zu ganz anderen Darstellungsformen und Gattungen.

So zeigt zum Beispiel ein »tagesthemen«-Beitrag am 19.12.2017, wie sich unter der Hand scheinbar reine Faktizität in eine Form verwandelt, die wir sonst nur aus der Dichtung, zum Beispiel im Werk Hubert Fichtes, kennen: wenn der Sprecher Namen aneinanderreiht und auf diese Weise besonders eindringlich Bedeutungen evoziert, Assoziationsräume öffnet und eine dramatisch aufgeladene Geschichte ethnopoetisch vermittelt.

Die Besonderheit der »tagesthemen«-Sendung bestand darin, dass der Sprecher ganz unvermittelt vom Aufsagen einer steifen Abfolge von Hauptsätzen in die raumgebende Nennung von Namen überging, diese – jeden einzelnen Namen – bedächtig, bedenkend und bedeutungsbewusst aussprach. Es waren die Namen der zwölf Menschen, die 2016 bei einem Terroranschlag auf dem Berliner Weihnachtsmarkt am Breitscheidplatz ums Leben gekommen waren. Die Nachrichten entschieden sich, wie etwa in diesen »tagesthemen«, für die reine Namensnennung oder versahen sie mit kurzen Herkunftsangaben:

Anna und Georgiy Bagratuni aus der Ukraine, Nada Čižmár aus der Tschechischen Republik, Fabrizia di Lorenzo aus Italien, Dalia Elyakim aus Israel, Łukasz Urban aus Polen und Sebastian Berlin, Christoph Herrlich, Klaus Jacob, Angelika Klösters, Dorit Krebs und Peter Völker.

Der lebensgeschichtliche und der darin eingeschlossene politische Raum wurden in der bloßen Namensnennung und der (aus der routinemäßigen Aneinanderreihung von Sätzen) ausscherenden Wort-für-Wort-Rezitation sogar noch gegenwärtiger als mit den ergänzenden Herkunftsangaben.

Wie sehr diese »tagesthemen« den Rahmen einer Nachrichtensendung sprengten, zeigt ein Vergleich mit einer anderen Nachrichtensendung, in der der Sprecher versucht, seine Stimme geradezu tonlos, bewertungsfrei klingen zu lassen. Absurderweise verliest er die Anzahl der weltweiten Hinrichtungen 2016 wie Lottozahlen und illustriert sie mit perfekten Graphiken. Dann gibt er weiter zu den Börsennachrichten.

Kann man ihn aber *nicht* verstehen? Wie sollte er emotional das Verlesene – handelte es sich dabei um Hinrichtungen, Massenvergewaltigungen oder das zunehmende Ausmaß weltweiten Hungers – begleiten? Kann er die gezeigten Bilder der Kinder, der Frauen und Männer tatsächlich anschauen, oder sieht er an ihnen vorbei?

Ist es nicht zutiefst verwunderlich, dass wir eine solche maßlose Überschreitung zivilisatorischer Vorstellungen, dieses Ausmaß an Fremdheit, überhaupt seelisch aushalten? An mehreren Tagen zu Beginn des Jahres 2017 vermelden Nachrichtensprecher geradezu tonlos: 815 Millionen Menschen hungern. Ihre Zahl steigt. Einmal war sie schon gesunken. Auf 777 Millionen. Der jetzige Anstieg verläuft parallel zum Anstieg des Vermögensreichtums …

Auf irgendeine Weise beeinflusst dieses Ausmaß des Schreckens und seine gleichzeitige Einbindung in Statistiken die Stimme des Sprechers, die Intonierung der Sätze.

Diese Beispiele sollen erste Hinweise geben auf die vielfältigen Verknüpfungen von Faktizität, von Situationen, Szenen, Lebenswirklichkeiten, Alltäglichkeiten, von Geschichte und deren Darstellungsformen sowie Vermittlungsmöglichkeiten. Nun geht es darum, grundsätzlicher noch den unterschiedlichen Umgang mit der sogenannten Faktizität in den Formen des Berichts, der Reportage und des literarischen Textes zu benennen.

Die große gesellschaftliche Bedeutung, die im Alltag und in den Medien die zumeist schwer vorhersehbaren Flucht- und Integrationsverläufe sowie die folgenschwere Unberechenbarkeit terroristischer Anschläge angenommen haben, hat die Berichterstatter und journalistischen Reporter ganz neu aktiviert. Sie erscheinen uns in ihrer unmittelbaren Präsenz und vermeintlichen Neutralität und Objektivität geradezu als die natürliche Verlängerung des aktuellen Geschehens.

Sie sprechen, wo wir sprachlos sind.

Ist aber, so muss man fragen, ihrer Sprache eine Darstellung zuzutrauen, die über das als evident erscheinende Faktische hinausgeht? Und schleichen sich nicht vom ersten Augenblick an Bewertungen, Spekulationen und ein Spiel mit den Erwartungen der Menschen in die Berichterstattung ein, insofern sie dem Wunsch des Publikums nachgibt, das im Falle eines Anschlags in erster Linie wissen möchte, ob es sich um eine islamistisch motivierte Tat handelt, unabhängig davon, ob es dafür belastbare Indizien gibt oder nicht? Diese Erwartungshaltung wird von den Nachrichten funktionalisiert: Sie stellen die Wahrscheinlichkeit eines muslimischen Motivs an die erste Stelle und versprechen, so schnell wie möglich dafür Beweise zu liefern.

Damit ergänzen sie die Szenerie derer, die versuchen, ihre Tat als islamistischen Anschlag zu tarnen oder sich zu ihm zu bekennen, um am öffentlich wirksamen Spiel mit der Angst und Bedrohung effektiv teilzuhaben. So war der Anschlag am 11. 4. 2017 auf den Bus der BVB-Fußballmannschaft die durch Habgier motivierte Tat eines deutschen Einzelgängers (der sich an einem großen Kursverlust der BVB-Aktie bereichern wollte), trug aber Insignien einer terroristischen Aktion.

Die journalistische Berichterstattung wählte diese Erwartungshaltung der Menschen als Einstieg in die tendenziöse Darstellung des Ereignisses, das sich, unabhängig von dieser publikumswirksamen Spekulation, erst einmal jeder Interpretation verschloss.

Nicht die Sprache der schein-neutralen-und-objektiven Berichterstattung, sondern eine von Fall zu Fall allererst zu erprobende Erzählform kann eine Annäherung an die komplexe und vielschichtige Tat versuchen, auf diese Weise die Menschen in einen *offenen* Deutungsraum führen und sie mit der Unfassbarkeit des Geschehens konfrontieren, statt sie nur in ihrer Erwartungshaltung zu bestätigen. Gefordert ist also ein Erzählen, das sich weder den mannigfachen, vor allem literarischen Traditionen und Ausformungen der Reportage noch der gesellschafts- und kulturtheoretischen Analyse verschließt.

Nimmt man als Beispiel den angesprochenen Anschlag auf den BVB-Bus, dann wird sofort deutlich, dass sich die maßlose Unverhältnismäßigkeit zwischen dem menschlichen Bereicherungswunsch und der dabei nicht nur riskierten, sondern einkalkulierten Tötung einer schlichten Berichterstattung entzieht. Die Komplexität erschließt sich annäherungsweise nur dem Erzählen, das aufgrund seiner langen Tradition genau in diesem Feld des Abgründigen die größte Erfahrung hat.

Die am weitesten entwickelten Formen der Reportage nutzen zwar *journalistische* Zugänge zur Wirklichkeit, entfalten ihr Verstehen und ihre Sprache aber in der Öffnung zum *Erzählen* hin.

Zwischen uns und der Realität vermitteln immer Bilder und Sprache.

Oft verführt uns die Übermacht der Realität des Schreckens, der Angst, Unsicherheit und Bedrohung dazu, sie als unmittelbar gegeben wahrzunehmen und die Vermittlungsformen dieser Realität gering zu achten oder gar ganz aus dem Auge zu verlieren.

Gerade weil die Bilder so übermächtig sind, werden sie in unserer Wahrnehmung auf einen Teil der Realität reduziert. Sie sind aber von Autoren, Journalisten, Reportern hergestellt, unter bestimmten Prämissen und mit mehr oder weniger bewussten Absichten produziert.

Bilder sowie alle Formen von Bericht und Erzählung hängen aufs Engste mit dem Wirklichkeitsverständnis der Produzenten zusammen.

Die Frage: »*Wer* spricht, *wer* schreibt, *wer* fotografiert, *wer* filmt« lenkt unsere Aufmerksamkeit auf die Erzähl- und Reportageformen, die uns bei unserer Wahrnehmung von Fremdheit wie eine zweite Haut einhüllen.

Wenn ich in der Folge diese Vermittlungs- und Darstellungsmodalitäten auch an einzelnen herausragenden Repräsentanten und Wegbereitern festmache, dann hat dies zwei Gründe: zum einen sind die angestellten Überlegungen nur textbezogen nachvollziehbar und überprüfbar; zum anderen ist es meine Erfahrung, dass wir Verstehen, Wissen und Bewusstsein stärker an Autoren ausbilden, die kraft ihrer Individualität die Begrenzung auf Einzeldisziplinen durchbrechen.

Aus diesem Grund kommen stellvertretend drei Ethnologen-Schriftsteller ausführlich zu Wort, ohne die wir Fremdheit heute so nicht verstehen und erzählen könnten, wie es uns längst vertraut geworden ist. Dies sind Victor Segalen, Michel Leiris und Hubert Fichte.

REBECCA HORN: Thunder of dew between moon and sun,
Peking 2007

ÄSTHETIKEN DES DIVERSEN

ODER: WER SPRICHT, WER SCHREIBT, WER FOTOGRAFIERT, WER FILMT?

So evident es auch ist, dass uns das Wissen von anderen Kulturen stets in einer bestimmten Form der Darstellung vermittelt wird, haben doch Wissenschaftler lange Zeit die Frage danach, wer in diesem oder jenem Fall spricht, vernachlässigt. Das trifft auch auf die Ethnologen zu, obwohl sie, als Spezialisten für die Vielstimmigkeit, ein besonderes Gespür für die verschiedenen Tonlagen und Stimmführungen in jeder Aussage entwickelt haben sollten. Wer – ob als Ethnologe, Reporter oder als Schriftsteller – über »die Anderen« schreibt, kommentiert immer auch die eigene Gesellschaft in ihren Oberflächen- und Tiefenstrukturen. Das an der anderen Kultur festgestellte offenkundig Fremdartige wirft stets auch ein – erst noch zu deutendes – Licht auf die westliche Kultur.

Das in anderen kulturellen Zusammenhängen Erfahrene erhält durch die Einbettung in die Zusammenhänge der eigenen Kultur Deutungsangebote. Das »Dort-Sein« des Reisenden, des Ethnologen, Schriftstellers oder Reporters löst sich nach einiger Zeit als konkrete, fest umrissene Erfahrung auf. In den Vordergrund treten Deutungsversuche, Theorieansätze und Textformen. Schreiben heißt, in einer spezifischen Weise an Menschen und Kulturen zu denken und eine Sprache zu finden, die Bilder der Fremdheit zu vermitteln vermag.

Oft sind Wissenschaftler dem tradierten Ideal einer objektiven Wissenschaft und einer von subjektiver Autorschaft ablösbaren Forschung treu geblieben. Dann sehen sie sich in erster Linie nicht als Autor oder gar als Schriftsteller, sondern als Berichterstatter, als Chronisten des Wirklichen, der subtil beobachtet, genau beschreibt und widerspruchsfrei systematisiert und interpretiert. Dennoch hinterlassen die nicht mehr unmittelbar sichtbaren Pfade und Traumpfade – zurückgelegt in der inneren und der äußeren Welt – die Sehnsüchte, Phantasien und Begierden des Reisenden und Forschenden in jeder Inschrift, in jedem Bild, in jeder Einstellung.

Das weite Terrain an Stilformen und Texturen öffnet unsere aktuellen Möglichkeiten, Fremdheit zu verstehen, zu deuten und zu erzählen. Dabei treten vor allem solche Werke in den Vordergrund, die für sich in Anspruch nehmen können, als eine Initialzündung für unseren Blick auf Fremdheit gewirkt zu haben.

Wenn man bei der Frage nach den heute angemessenen Darstellungsformen für die uns bedrängende und ängstigende Fremdheit auch deshalb zurückgeht zu den Visionen und Phantasien des Aufbruchs und zu den experimentellen und wagemutigen Verknüpfungen von Selbst- und Fremderfahrung, von Kunst, Ethnologie und Poesie im 20. Jahrhundert und zu Beginn des 21. Jahrhunderts, dann ist dafür die Überzeugung verantwortlich, dass diese Vergangenheit in uns lebendig ist und dass unser Denken und Schreiben stetig aus ihr schöpfen.

Dies trifft auf exemplarische Weise für das Werk des 1878 in Brest geborenen und 1919 in Huelgoat gestorbenen Amateurethnologen Victor Segalen zu. Er wollte Reisender und Schriftsteller in einem sein, sich da aufhalten, wo

… am Fuß des Berges nicht zwischen Dichter und Bergsteiger, auf dem Fluss nicht zwischen Schriftsteller und Seemann und in der Ebene nicht zwischen Maler und Feldmesser, noch zwischen Pilger und Topographen unterschieden werden soll, in dem Vorsatz, in ein und demselben Augenblick den Jubel in den Muskeln, in den Augen, in den Gedanken, im Traum zu erfassen, danach zu forschen, in welchen geheimnisvollen Höhlen des menschlichen Innern diese verschiedenen Welten sich verbinden und gegenseitig zur völligen Entfaltung bringen können …

So heißt es in seinem 1924 erstmals publizierten Buch *Aufbruch in das Land der Wirklichkeit*. Das war auch noch in den 1980er Jahren eine unbekannte Tonlage, ein poetischer Rhythmus und ein Mut zum Pathos, die man so in der Erkundung des Fremden nicht kannte. Hatte man sich einmal dieser Sprache gegenüber geöffnet, beeinflusste sie fortan auf grundlegende Weise die eigene Selbst- und Fremdwahrnehmung.

Segalen, eine vielfach rätselhafte Figur, war Autor eines breit angelegten ethnologischen und auch archäologischen Werkes. Er publizierte aber auch Romane, Erzählungen, dramatische Entwürfe, Gedichte und Essays, reiste in Ostasien, nach Äthiopien und Tahiti und machte Ausgrabungen in China. Er war Mitbegründer einer *subjektiven Ethnologie*.

Segalen wollte die bedrückende Realität von Fremdheit, die er auf seinen Reisen erlebte, auf den Traum hin öffnen, auf eine einstmals gewesene und mit Visionen angereicherte Realität; Zeichen setzen, wo die alten Zeichen zerbrochen waren. Wie später Rimbaud in Äthiopien (»Rimbauds Bild begleitet mich ständig«) ist ihm in Tahiti Gauguin (dieser »wirkliche

Künstler«, dieser »wahrhaft Exilierte und Einsame«, »ein bisschen die letzte Stütze der alten Kulte«) Vorbild, Leitfigur und Zeuge des Zusammentreffens von alter Kultur und neuer Zivilisation.

Verlebendigt wird in seinen Werken ein anderer Entwurf von Leben im Angesicht des Zerfalls. Das war damals, auch unabhängig von der Kenntnis des Segalen'schen Werkes, eine allgemeine Erkenntnis: Die Fremdheits-Forscher erleben sich selbst als gespalten zwischen ihrer eigenen Kultur, der sie sich nicht mehr zugehörig fühlen, und der fremden, der sie nie angehören werden. Plötzlich steht alles, auch ihre eigene Existenz, wieder auf dem Spiel; sie empfinden in der fremden Kultur intensiver die Spannung zwischen Leben und Tod, zwischen dem Heute und den »Geschichten der ersten Zeiten«.

Segalens Art, Fremdheit ethnologisch und literarisch zu erfassen und zu beschreiben – »mehr zu imaginieren, als man von den Völkern weiß, an ihrer statt zu denken, auf ihre Weise zu erzählen, mit ihren Augen zu sehen und das zu sagen, was sie vielleicht gesagt hätten«, wie er es in seinem Essay »Paul Gauguin in seiner letzten Umgebung« formuliert –, hat ihm den Titel eines »brillanten Amateurethnologen« eingebracht, dessen Werk man nicht einzuordnen wusste: zu persönlich und literarisch, um den Ansprüchen der Wissenschaft zu genügen, zu wenig auf die eigene Kultur konzentriert, um als (nationale) Dichtung anerkannt zu werden.

Wer ihn als Reisenden und seine Texte als Reiseliteratur abtat, ignorierte die Ernsthaftigkeit, mit der er sich gegen den Exotismus seiner Zeit gewandt hatte, und verkannte die Bedeutung seines Blickwinkels für die Entwicklung der modernen Erfahrung und Beschreibung von Fremdheit. Von ihm konnte man lernen – wie es auf andere Weise auch die in diesem Buch erörterte Ethnopsychoanalyse praktiziert –, Introspektion, Selbstbefragung und Fremderfahrung stärker aufeinander zu beziehen und die Frage nach der Methode sowie die Überprüfung der ethnographischen Sprache und des Stils neu zu stellen.

Victor Segalen, Michel Leiris und Hubert Fichte waren die drei Säulen einer neuen unakademischen, einer literarischen Darstellung und Erforschung von Fremdheit im 20. Jahrhundert in Europa. Sie veränderten grundlegend die Arbeit des Übersetzens kultureller Tatsachen aus der erforschten Kultur in die Sprache der eigenen Kultur. Hier findet eine Initialzündung für die Erkenntnis statt, dass die Erkundung des Fremden letztlich in die Erarbeitung von *Texten* mündet. So entwickelt sich die Frage: Aufgrund welcher Blickwinkel und Techniken vermag der wissenschaftliche Text etwas besser darzustellen als der literarische, und umgekehrt? Welche Möglichkeiten zur Koordinierung beider Vorgehensweisen gibt es?

Segalens Modernität besteht darin, dass er die sogenannte objektive Beobachtung hinterfragt, die *Position* des Beobachters exponiert und die *Ästhetik* innerhalb der Erforschung von Fremdheit und deren *Widerhall* in den Vordergrund rückt. Er setzt seine Beschreibungen ab von der versachlichten Biographie eines Volkes; er zeigt mit stilistischer Brillanz die persönlichen Anteile und die Darstellungsform in jeder Erfahrung und Beschreibung. Hier, an diesem Punkt, setzt der 1902 geborene Michel Leiris an.

Der von Leiris in frühen Aufsätzen der 1930er Jahre geäußerte Wunsch, »*das Joch unserer Kultur abzuschütteln*«, und die Infragestellung der eigenen Identität waren für ihn erste Motivationen, ein Ethnologe zu werden, der in engster Verbundenheit mit der Poesie sein hohes Ideal – die *vollständige* Erfassung des Menschen – zu verwirklichen glaubte. Wenn er von seinem Wunsch spricht, »sich in eine Perspektive der Totalität zu stellen«, dann schließt dies für ihn mit ein, die eigene Subjektivität radikal erfahren zu wollen und als das konkrete, humanistisch verstandene Moment der Totalität durchzusetzen. Hier war der Anspruch formuliert, sich im Fremden und das Fremde in sich aufzuklären, das Fremde im Bild oder in der Schrift versuchsweise ganzheitlich, komplex und heterogen zu organisieren, sich und die Ästhetik der Zeichen in dieser Anordnung zu verwirklichen.

So wie Leiris in seiner ethnologischen Tätigkeit bemüht war, Phänomene des Fremden in einer im Ansatz kulturtheoretischen, sozialpsychologischen, ethnopsychoanalytischen und linguistischen Analyse verstehbar zu machen, so verschrieb er sich in seiner literarischen Arbeit – vor allem in *L'Age d'homme* und in *La Règle du jeu* – ganz der Eigenanalyse, einer Selbstethnographie. Minutiöse Rekonstruktionen seiner Kindheit, die Beschreibung und Erforschung seiner Traum- und Alltagswelt, die Decouvrierung all seiner Neigungen, Verhaltensweisen und Assoziationsformen zeichnen sein Verhältnis zu sich als Beobachter und Dichter aus. Er versäumt nie, Phänomenen, denen er sich in wissenschaftlicher Arbeit gewidmet hat, auch selbstanalytisch, in der Rekonstruktion frühkindlicher Bezüge und Sensationen nachzugehen, beziehungsweise der privaten Darstellung eine allgemeinere folgen zu lassen.

Mit seinen Tagebuchnotizen, Gedichten, Erzählungen und Berichten liefert Leiris keine abgeschlossenen, sondern offene Texte. Auf den Spuren von Victor Segalen fragt er sich, ob ein literarischer Text, der der Diversität und Heterogenität viel Raum gibt, nicht die der Reise- und Fremderfahrung angemessenere Artikulation als eine konventionelle wissenschaftliche Studie ist.

Die Modernität Michel Leiris' besteht in der Art seines Umgangs mit Fremdheit und mit der Wissenschaft vom Fremden. Leidenschaftlich und feinfühlig löst er eine Disziplin aus ihren Erstarrungen und Verfestigungen. Mit sensiblem Gespür für Geheimnisse, Regeln und Gesetze der Sprache erprobt er neue (den Forschungstext, das Tagebuch, die Prosa und Lyrik verbindende) Textformen: Rücksichtslos gegenüber sich selbst, bezieht er die Erkundung des außer ihm liegenden Fremden zurück auf die Selbsterforschung. Ethnologie, wie Leiris sie betrieb, war ein experimentelles Arbeitsfeld zum besseren Verstehen kulturell geprägter Fremdheiten, zur prinzipiellen Infragestellung von »Ich«, »Eigen« und »Identität«, zur Relativierung der tradierten hierarchischen Muster von »wild« und »zivilisiert«, »primitiv« und »modern«.

Den Bogen von Michel Leiris zu dem 1935 geborenen Hubert Fichte zu schlagen, fällt nicht schwer. In seinem Werk werden die außereuropäischen und die europäischen Kulturen nicht als voneinander getrennte Bereiche abgehandelt. Sie werden überhaupt nicht objektiv dargestellt, nicht diskursiv erörtert; vielmehr stellt der Autor sie als perspektivische Ansichten vor. Durch seine eigene Person, seine spezifische Erfahrungs- und Sprachform vermittelt, nimmt sie der Leser als Perspektiven wahr, denen kein objektiver Status zugeschrieben wird, sondern die nur so *gedacht* und in unsere Nähe gerückt werden können.

Die politischen, religiösen und mythischen Wirklichkeiten in den afrobrasilianischen Kulturen sowie die Mythen, die sich um unsere europäischen Gewohnheiten, Verhaltensweisen, Riten und Zeremonien ranken, vermischen sich in seiner Wahrnehmung und in seinem ethnopoetischen Werk.

Kein anderer deutscher Schriftsteller sprengte derart radikal den eigenen Erfahrungsraum, drang vergleichbar entschieden in die afrikanischen und afrobrasilianischen Kulturen ein und blieb zugleich auch Chronist des kulturellen Geschehens der »*Ersten Welt*«. Die *Palette* – ein Szenelokal –, das Waisenhaus und die Pubertät, der Hamburger Hauptbahnhof oder die legendäre literarische »Gruppe 47« waren für ihn ebenso Sujets seines Schreibens wie Voodoo-Riten, der Gott Xango, der Platz der Gehenkten in Marrakesch oder die Psychiatrie in Senegal, Togo, Dahomey und Benin.

Uns vertraute und uns fremde Riten werden erst in einer dafür sensibilisierten Sprache nachvollziehbar. Fichte wählt dabei neben der erzählenden, berichtenden und essayistischen Form auch die des Interviews.

Seine Bücher sollten ein Experiment beschreiben: das Experiment »zu leben, um eine Form der Darstellung zu erreichen«. Diese Form bestimmte er auch als »Poetik menschlicher Verhaltensweisen«, die Sexualität, Tod, Lebenswelt und Religion umgreift. Fichte hat Sprachen, Haltungen, Gesten und Rituale jener Menschen studiert, die in seinen Romanen als Figuren auftreten und deren Kulturen den Hintergrund des Geschehens bilden. Verschiedentlich bezeichnet er in seiner *Geschichte der Empfindlichkeit* seine Methode als ein »anthropologisches Aufzeichnen« und ein »Strukturen-Schreiben«. Selbst manierierte Dialogfolgen, ritualisierte Sprechtexte, Endlos-Spulen und verkürzte Redefiguren evozieren – voller Sinnlichkeit, Anspielungen und Phantasien – die eigene und die fremde Kultur. Er war ein Liebhaber der

Collage und des Zitats als eines frei verfügbaren, kulturübergreifenden Repertoires aus Wahrheiten, Korrespondenzen und Texturen. Er glaubte an eine Ethik, die dem Poetischen inhärent ist.

Er wollte, als Dichter, berichten von der »Dritten Welt« wie von europäischer Nachkriegswirklichkeit, deren Geschichte der Empfindungen, Gefühle und Gedanken. Sein Schreiben ist materialistisch, konzentriert auf den Stoff, das Situative und das Szenische, zuweilen entblößt auf einen Satz, auf ein Wort, eine Lautmalerei oder gar nur einen Buchstaben. Die Abfolge von kurzen und langen Passagen, von Sätzen und Satzreihen folgt ausgeklügelten poetologischen Kriterien. Ein auf die Genauigkeit seines »Sprachverhaltens« versessener »lyrischer Reporter« – so sah sich Hubert Fichte.

Der ethnopoetische Text – wie er ihn mit nie nachlassender Konsequenz weiterentwickelt hat – vermittelt religiöses und magisches Geschehen in einer von Anschauung und Erfahrung gesättigten Breite der Darstellungsformen, die selbst Statistik und Namen zu notwendigen, poetischen Bestandteilen eines aufklärerischen Textes macht.

»Wir brauchen«, so seine Forderung, »eine vergleichende Studie zu Sprachverhalten, zu Aussageweisen«. Seine *Ketzerischen Bemerkungen für eine neue Wissenschaft vom Menschen* sind ein Manifest *gegen* die Entmündigung von Menschen zu wissenschaftlichen »Fällen« und »Objekten« und *für* die empirisch belegte, logisch strukturierte und poetisch komponierte subjektive Aussage.

Die Entdeckung von Segalen, Leiris und Fichte wäre in den 1980er/90er Jahren nicht denkbar gewesen ohne eine allgemeine Atmosphäre der Begeisterung für diesen geistigen und künstlerischen Neubeginn und für die Neubewertung der außereuropäischen Kulturen, die schon am Rande der Nach-68er Bewegung eingesetzt hatte. War dieses Interesse zu Anfang vor allem mit Phantasien und Visionen alternativen Lebens verbunden, setzte sich mehr und mehr auch eine intellektuelle Neugierde im Verstehen und Erzählen von Fremdheit durch.

Die Verknüpfung von Eigen und Fremd unter dem Oberbegriff der »Kultur« erregte auch deswegen so viel Aufmerksamkeit, weil die politisch-revolutionären Aufbruchsphantasien an visionärer Kraft verloren hatten.

Es hat mich stets verwundert, dass Victor Segalen und, mehr noch, Michel Leiris, als Schriftsteller und Ethnologen, lange Zeit keinen so nachweisbaren Einfluss auf die Literatur und Wissenschaft ausgeübt haben, wie man dies von der Bewunderung hätte ableiten können, die ein Großteil der Intellektuellen, Künstler und Schriftsteller seit den 30er Jahren des vorigen Jahrhunderts für sie unüberhörbar zum Ausdruck brachte. Aber letztlich eignete sich ihr ethnologischer Blick wenig für die Benutzung in akademisch normierten Forschungszusammenhängen und fand teilweise leichter Eingang in die deutschsprachige Kunst- und Literaturszene. Zu künstlerisch, subjektiv wertend und unorthodox waren sie – außer in einigen für sie eher uncharakteristischen wissenschaftlichen Studien – vorgegangen. Zu sehr war ihre Literatur immer auch ein selbstethnographisches Projekt.

Werke wie die von Victor Segalen, Michel Leiris und Hubert Fichte haben unseren Blick geschärft für die *Verschiedenartigkeit* literarischer, künstlerischer und wissenschaftlicher Konstruktionen dessen, was wir »Wirklichkeit«, »eigen« und »fremd« nennen. Nicht nur Ethnologen, auch Vertreter anderer Disziplinen kamen damals zu dem Ergebnis, dass wir den Fremden *erfinden*, ihn exotisieren oder erniedrigen, ihn entsprechend des eigenen Menschenbildes formen. Jede Empfindung von Fremdartigkeit ist immer auch ein Konstrukt aus Projektionen und Zuschreibungen.

Heute im Rückblick habe ich den Eindruck, dass die 1970er, 80er und 90er Jahre geradezu ideal für die Wahrnehmung der Initialzündungen waren, die von Segalen, Leiris und Fichte in Deutschland ausgingen. Es gab einen großen Wunsch, das im Wirklichen verborgene Imaginäre zu entdecken und das Wirkliche durch das Imaginäre zu bereichern. Gerade Segalens äußerst vielfältige und mit großer Leidenschaft vorgetragene Begabungen – ob als Archäologe, der chinesische Statuen ausgräbt, oder als Kenner der chinesischen Sprache und Schrift; als Reisender in den Kulturen Asiens (auf den Spuren eines untergegangenen Reiches) oder auf Tahiti und den Marquesas-Inseln – prädestinierten ihn für eine nichtakademische Öffnung auf das Fremde und die »reine Exotik«, an die er glaubte und die er aus ihren Absonderlichkeiten herausschälte.

Ein verhältnismäßig großes Publikum innerhalb und außerhalb der Ethnologie und Universität war bereit, das Interesse an Fremdheit ganz neu zu beleben und sich von einer Sprache von oft makelloser Schönheit (wie nur eine Sprache sein kann, die die Polarisierungen zwischen innen und außen, Oberfläche und Tiefe hinter sich gelassen hat) begeistern zu lassen.

Die 1970er/80er Jahre waren eine Zeit großer literarischer und ethnologischer Entdeckungen, geprägt von dem Wunsch, den Pionieren in der Suche nach anderen Lebensformen zu folgen, den Aufbruch ins Unbekannte zu wagen, der Fremdheit eine nacherlebbare Form zu geben und sich selbst in diesem Wagnis zu vitalisieren. Scheitern inbegriffen.

Man denke nur an das traurige, nie aufgeklärte frühe Ende von Segalen oder an die 1877 geborene und 1904 in den Trümmern eines eingestürzten Hauses in Algerien ums Leben gekommene Isabelle Eberhardt, deren legendäre Tagebücher *Sandmeere* in jenen Jahren neu entdeckt wurden. »Indem sie«, so beendete Hans Christoph Buch damals sein Vorwort,

> *das unwirtlichste Terrain der Erde, die Wüste, zum Schauplatz ihrer Selbstverwirklichung macht, erreicht sie ein übersteigertes Sendungsbewusstsein, das immer dann in melancholische Depressionen umschlägt, wenn der erhoffte Erfolg ausbleibt: Triumphe, die die bürgerliche Gesellschaft, gegen die sie erkämpft wurden, nicht zur Kenntnis nimmt, sind keine. Hier schließt sich der Kreis, aus dem Isabelle Eberhardt, trotz ihrer übermenschlichen Anstrengung, ein anderes Leben zu führen, nicht ausbrechen konnte.*

Noch einmal wurde diese Hochzeit der Verknüpfung von Ethnologie, Erzählung, Poesie und Reisen, im Zeichen der Kraft des Imaginären und der Leidenschaft für den Wandel und die Transformation, mit zwei großen Entwürfen wieder verlebendigt und fortgeführt: mit dem 2006 veröffentlichten Roman *Der Weltensammler* von Ilija Trojanow und mit dem zehn Jahre zuvor erschienenen ethnologischen Roman *Leeres Viertel. Rub' Al-Khali* des 1960 geborenen Michael Roes. Das Buch war eine kleine Sensation für ein literarisch und ethnologisch interessiertes Publikum. Für ein Publikum, das noch der Zeit nachtrauerte, in der mehr oder weniger regelmäßig neue Arbeiten in diesem offenen und experimentellen

Schreibfeld *der Selbstethnographie* und *poetischen Anthropologie* erschienen. In einer sich selbst nicht begrenzenden Schreibform, pendelnd zwischen Erzählung, Roman und *literarischer* Reportage, gelingt hier etwas, wovon der *traditionelle* Reporter nur träumen kann: eine Ästhetik des Diversen, ein Bild vielgestaltiger Fremdheit.

In einer Ästhetik des Diversen nimmt sich der Autor die Freiheit, die erfahrene Außenwelt-Fremdheit mit der Innenwelt-Fremdheit in eine wechselseitige Beziehung zu setzen und einen *fremden Blick* auszuprobieren. Dies ist ein von Grund auf flexibler, mehrperspektivischer Blick, der mit einer Travestie und Vervielfachung des Ich experimentiert, um der heterogenen Struktur der Fremdheit gerecht zu werden.

ULRIKE OTTINGER: Drei Bettler

ERZÄHLUNG AUS STIMMEN

Die Konflikte und Kriege in der Ukraine, im Nahen und Fernen Osten und in Afrika, die Allgegenwärtigkeit des Terrorismus und die Folgen der Flüchtlingskrise haben unseren Blick für die Schönheit und Ästhetik der Fremdheit getrübt, haben jeden Anklang von Exotismus verdächtig gemacht und zu einer Übermacht der medialen Krisen- und Kriegsreportagen geführt. Dabei ist die Kunst der Reportage immer mehr zu einer aktualitätsfixierten Tagesberichterstattung verkürzt worden. Die große Form der literarischen Reportage, wie sie im Jahrzehnt zwischen 1995 und 2005 zu einer Blüte gelangt war – ohne dass die Welt damals friedlicher gewesen wäre –, ist dabei in den Hintergrund getreten und in entscheidenden Etappen in Vergessenheit geraten.

Wäre Realität etwas Vorfindbares, hätte man wenig Schwierigkeiten mit der Behauptung, die Reportage beziehe ihr Material von den äußeren Gegebenheiten. In Wahrheit aber ist Realität berichtete, erzählte Realität und auf diese Weise im Text, in der *Architektur* aus Sprache und Bild, vorfindbar.

Wirklichkeit ist mehrschichtige und mehrstimmige und auch emotionsgeleitete Wirklichkeit. In jedem Sprecher sprechen andere Sprecher mit; in jedem Text sind unzählige andere Texte und Subtexte enthalten, drängen in den Vordergrund. »Geschichte-als-Geschichte« und »Geschichte-als-Erzählung« – das war die treffende Formel, die die »Neue Geschichtswissenschaft« dafür gefunden hatte.

An jedem Punkt lässt sich die journalistische Reportage zu einem literarischen Text erweitern, wenn der Autor dem Motiv einer »Erzählung aus Stimmen« folgt, wie dies die 1948 in der Ukraine geborene Journalistin und Schriftstellerin Swetlana Alexijewitsch genannt hat.

In ihren Reportagen (wie zum Beispiel *Tschernobyl. Eine Chronik der Zukunft*) und dem Film »Stimmen von Tschernobyl« oder in dem lange Zeit unterdrückten und zensierten Bericht von der grausamen Belagerung Leningrads im Zweiten Weltkrieg wird die jüngere Geschichte in Einzelschicksalen rekonstruiert und die Frage nach der Menschheitsgeschichte im Allgemeinen abgehandelt. Man könnte von einer *historischen Archäologie* sprechen: einer schichtweisen Aufdeckung der Untiefen und Abgründe menschlichen Verhaltens.

Swetlana Alexijewitschs Bücher sind in der Lage, gesellschaftliche Umbrüche im *emotionalen* Erleben der Menschen aufzuzeigen und historische Verfälschungen durch Augenzeugenberichte zu korrigieren. Unter der oberflächlich als heroisch erscheinenden Widerstandshaltung der Bewohner Leningrads und dem »Mythos vom Sieg« wird eine unvorstellbare Leidensgeschichte sichtbar, an deren Ende Menschen zu Kannibalen wurden.

Nur die Reportage, die geprägt ist von der Mehrstimmigkeit, der Vielsprachigkeit und Heterogenität der Wirklichkeit und sich der Dimension des Menschheitsdramas nicht verschließt, kann für sich beanspruchen, authentisch zu sein oder doch zumindest der Authentizität nachzueifern. Die als real dargestellte Wirklichkeit ist nur glaubhaft, wenn sie die darin eingeschlossenen subjektiven Anteile, Ideen und Ideologien mit thematisiert. Und auch der Reporter selbst ist in seiner Subjektivität – dem sich zeigenden und sich verbergenden Ich – Teil der Reportage.

Der Autor der Reportage ist dann besonders glaubhaft, wenn er weniger *Realität*, als vielmehr *Wahrheit* (Wahrheitssuche) für seinen Text beansprucht. Das heißt nur, dass er ein ausgeprägtes Bewusstsein davon hat, dass er gemäß seiner Einstellung, seiner Perspektivenvielfalt, seiner Idee und Vision, seines historischen Wissens und seiner Informationen einen Text erstellt, den er als wahr und wahrhaftig zu behaupten versucht.

So schreibt der 1968 in Moskau geborene Ruben G. Gallego in seinem Buch *Weiß auf Schwarz*: »Ja, es ist so passiert, es gibt sie wirklich, die Protagonisten meiner Geschichten. Natürlich sind meine Protagonisten zusammengesetzt aus Gestalten des Kaleidoskops meiner unzähligen Kinderheime. Aber das, worüber ich schreibe, ist die Wahrheit.« – Die literarische Wahrheit.

Eine Reportage schreiben heißt, Zeugnis ablegen von der intellektuellen und emotionalen Konfrontation mit einem Ort, an dem etwas Wichtiges ausgehandelt und vielleicht entschieden wird, wie Leben in ethnischen, religiösen und machtstrategischen Konflikten und Ideologien der Fremdheit aufgerieben und zerstört oder aber gerettet wird.

In der globalisierten Welt kann die Reportage tendenziell nahezu an jedem politisch, kulturell, geographisch und mentalitätsgeschichtlich bedeutsamen Ort die heutige Gesamtproblematik in Ansätzen thematisieren und sich dann der empirisch lokalisierten Analyse zuwenden.

Quer durch die Menschheitsgeschichte gab es immer Orte, Länder und Gebäude, deren Namen ehemals wie Leuchtzeichen wirkten. Reportagen über große Zeiträume hinweg haben uns den Bedeutungswandel vieler solcher Namen vor Augen geführt und nacherlebbar gemacht, aufgrund welcher Ereignisse sie heute nur noch für Angst und Schrecken, für Menschenverachtung und Genozid stehen. Eine Reportage sollte im Idealfall ein scharf gezeichnetes Bild der Wandelbarkeit vermitteln. Sie sollte durchdrungen sein von einem kulturellen und kulturgeschichtlichen Bewusstsein und Wissen, und wenn möglich die zentralen Machtstrukturen sowie die darin wirksamen psychischen Mechanismen beschreiben.

Die Konflikte und Kriege zeigen immer wieder, wie sich Angst, Wut, Kränkung und Stolz, Projektion, Verachtung und die Unkenntnis der anderen Kultur zu einer Politik der Unverhältnismäßigkeit und zu Auslöschungsideologien gesteigert haben. Die nicht reflektierte Selbst-Erhebung der eigenen Kultur zu *der* Zivilisation ebnet den Weg zum Krieg. Manche zivilisatorische Mission erweist sich im Nachhinein als *Verzerrung* der Zivilisation.

Die Gegenstände der bedeutsamen Reportagen tangieren – selbst wenn sie vom Alltagsleben und scheinbar lokal begrenzten Konflikten handeln – zivilisationsgeschichtlich maßgebliche Themen. Es können exemplarische Gegenstände sein, an denen sich Vergangenheit, Gegenwart und Zukunft nationaler und transnationaler Prozesse auf beispielhafte Weise zeigen. Wenn Autoren die Mittel des literarischen Textes, der Reportage und des Tagebuchs in den Dienst eines Versöhnungsgeistes stellen, können sie eine (wenn auch nur zeitlich begrenzte) Bereitschaft für gegenseitiges Verstehen und Auflockerungen der Fremdheitsbastionen bewirken.

Für Augenblicke schien es, als könnten zum Beispiel israelische Autoren wie David Grossman und Amira Hass aus der Mitte ihrer Gesellschaft und als Zeugen des Leids aufseiten der Palästinenser eine andere Mentalität durchsetzen helfen. Die den Berichten eigene Dynamik – Amira Hass als Jüdin unter Palästinensern und mit ihnen fühlend – erschien aber für alle Seiten als zu bedrohlich. Im April 2018 erinnerte Grossman bei einer Feier in Tel Aviv, zu der auch Angehörige palästinensischer Opfer des Konflikts eingeladen waren, daran, dass sich in der Trauer (»ja sogar durch sie«) selbst alte Feinde miteinander verbinden. »Die Lösung für die höchst komplexen Beziehungen zwischen Israelis und Palästinensern kann auf eine kurze Formel gebracht werden: Solange die Palästinenser kein Zuhause haben, werden auch die Israelis keines haben. Das Gegenteil ist genauso wahr: Wenn Israel kein Zuhause wird, wird es auch Palästina nicht.« 2018 verschaffte sich noch eine weitere Stimme gegen die feindlichen Abgrenzungen Gehör: die iranisch-israelische Schriftstellerin Dorit Rabinyan mit ihrem Buch *Wir sehen uns am Meer*.

Was aber wird aus dem Reporter als Augenzeuge, wenn zentrale Orte, wie das Gefangenenlager Guantánamo, hermetisch abgeriegelt werden, oder die begangenen Gräueltaten in dem irakischen Gefängnis Abu Ghraib nur auf geheimen Wegen öffentlich werden?

In welchen Fällen kann der Reporter, der extreme Vorgänge und Ausnahmesituationen beschreibt und deutet, überhaupt noch *Augenzeuge* sein? Gewinnt hier nicht doch die essayistische und fiktionale Vorgehensweise mehr an Bedeutung? Sollte nicht außer der Erweiterung der Augenzeugenschaft um die Fiktionalität auch stärker die Bildebene mit einbezogen werden? Nicht nur im Sinne visueller Kriegsreportagen, sondern um grundsätzlich Bilder der Zivilisation und Barbarei zu entwerfen? Die Bilder der weltweit maßlos gedemütigten Gefangenen als unauslöschliche Imprägnaturen der Zivilisation. Bilder des Grauens: die wahre Gestalt vermeintlich »sauberer«, »opferloser« und »humaner« Kriege.

Eine vielschichtig und mehrperspektivisch verfahrende Reportage vermag die mentalen, intellektuellen und emotionalen Anteile des Geschehens komplex darzustellen, Zukünftiges zu antizipieren und sich dem Visionären nicht zu verschließen.

Auf besondere Weise gelungene Sonderfälle einer reportagehaften Erforschung von Fremdheit sind die Ethnoreportagen
- von Wassili Peskow, der in *Die Vergessenen der Taiga* mit dem Auge eines Amateurethnologen und geborenen Erzählers in sehr bewusster Weise seine subjektive Wahrnehmung exponiert oder aber sich vollständig im Sinne des Textes zurücknimmt;
- von Jean Hatzfeld, dem ein maßgeblicher Perspektivenwandel gelingt und der sowohl aus Sicht der Opfer (und der Hinterbliebenen der Opfer) als auch aus Sicht der Täter des Genozids in Ruanda berichtet;
- und von Nigel Barley und Roger Willemsen, die den ethnologischen Blick auf die fremde Kultur zurückwenden auf die Beschreibung und Deutung der eigenen Kultur als einer fremden.

AUFBRUCH IN DIE FREMDE AUS NOT, IN POETISCHER ÜBERHÖHUNG UND IM WUNSCH NACH TEILHABE

Neben den traditionellen Reportageformen bis hin zu den Ethnoreportagen hat sich im Zeichen der Flüchtlingskrise eine neue Mischform herauskristallisiert: eine Geschichtsschreibung, die wissenschaftlichen Idealen verpflichtet ist und sich dabei der Reportageform bedient. Eines der gelungensten Beispiele ist eine Geschichte der europäischen Flüchtlingskrise unter dem Titel *Die neue Odyssee* von Patrick Kingsley.

Der Migrationskorrespondent des »Guardian« hat, zusammen mit Migranten, die großen Fluchtrouten durch Wüsten, über Berge und Meere zurückgelegt: in einem steten persönlichen Austausch über die Lebensschicksale, die politischen Umstände und die geschichtlichen Hintergründe. Jede Beschreibung von Begleitumständen der Reise hat bei ihm ihren Platz im Gesamtgefüge einer erlebten Geschichtsschreibung.

Jede reportagehafte Deskription und Narration folgt hier dem einen Wunsch: Erfahrenes und Erlebtes vor dem Vergessen zu bewahren und ins Bewusstsein zu holen. Und dies mit dem Anspruch und dem Ethos, Teilhaber der individuellen Schicksale zu sein und aus dieser Perspektive das überindividuelle Drama zu erzählen und zu deuten. Der Reporter spricht hier aus der emotionalen Nähe zu einzelnen Menschen, ihrer Erfolge und Misserfolge, gelingender und misslingender Flucht. Da er aber der Rolle des Korrespondenten verbunden bleibt, kann seine Arbeit nicht so kontinuierlich am Leben der Menschen teilnehmen, wie dies etwa die Filmemacherin Ulrike Ottinger tut oder der Schriftsteller Hubert Fichte und die Fotografin Leonore Mau taten.

Angesichts des in der Gegenwart massenhaft erzwungenen Unterwegsseins erscheint uns die Aufbruchseuphorie mancher Schriftsteller – zum Beispiel die poetische Überhöhung des Unterwegsseins bei der Beatgeneration in den 1950er/ 60er Jahren – als exotisch. Oder man denke nur an die Begeisterung, mit der einige Jahre später ethnologisch interessierte Schriftsteller wie Bruce Chatwin von der nomadischen Existenz des Menschen sprachen. Seine Spekulationen, Phantasien und Utopien weiten erst einmal den Blick für die dem Unterwegssein eigenen Dimensionen.

Dieser sicher exzentrischste Reisende, Schriftsteller und Reporter des 20. Jahrhunderts verknüpft seine Analysen mit einer persönlichen Leidenschaft. So schreibt er in *Der Traum des Ruhelosen*:

> *Ich stehe unter dem Zwang zu wandern, und ich stehe unter dem Zwang, zurückzukehren – eine Art Instinkt wie bei einem Zugvogel. Echte Nomaden haben kein festes Zuhause als solches; sie kompensieren das, indem sie immergleichen Migrationswegen folgen. (...) Ein Nomade ›wandert‹ nicht ›ziellos von einem Ort zum anderen‹, wie es ein Wörterbuch gern hätte.*

Chatwin entwirft noch einmal eine Große Erzählung des Unterwegsseins und der nomadischen Existenz des Menschen. Er wird nicht müde, von seinem »Eskapismus« und seiner

»neurotischen Ruhelosigkeit« zu sprechen, sucht in seiner Kindheit nach Spuren dieses Gefühls und seiner Einstellung, verklärt seinen familiären Hintergrund: macht aus Sesshaften Umherreisende. In seinen berühmten, 1987 erschienenen *Songlines* spricht er von der »fantastischen Heimatlosigkeit« seiner ersten fünf Lebensjahre und der »wahnsinnigen Unruhe der damaligen Zeit«. Seine Phantasie ist schier unerschöpflich im Entdecken immer neuer Argumente für das Reisen – und so hätte sich vielleicht auch an einem anderen Objekt als dem Fellrelikt aus der Kindheit seine Phantasie entzündet und den Reisetrieb entfacht. Entscheidend ist ja, ob ein Objekt die Kraft zur Ausbildung einer Imago hat.

Um dem in der Fremde erfahrenen Flüchtigen und dem Gegenständlichen (wie dem von ihm in der Kindheit bewunderten Stück Haut) Dauer zu verleihen und Leben einzuhauchen, bedurfte es aber eines weiteren Elements und einer zusätzlichen Bewegung, derjenigen des Erzählens und Aufschreibens.

Chatwins wissenschaftliche Phantasie fand ihr Zentrum im Vorstellungsraum der Wüste und des nomadischen Lebens als Urform menschlichen Seins. Das bereits 1970/71 begonnene Projekt (unter dem Arbeitstitel »The Nomadic Alternative«) blieb, trotz zwanzigjähriger Arbeit daran, unvollendet. Zugänglich sind uns nur – außer den Passagen in *The Songlines* – Bruchstücke, die unter dem Titel »Die nomadische Alternative« in dem Band *Der Traum des Ruhelosen* (*Anatomy of Restlessness*, 1996) posthum publiziert wurden. In zwei Texten (»Die nomadische Alternative« und »Es ist eine nomadische NOMADENWELT«) und in einem bereits 1969 geschriebenen Brief skizziert er seinen Plan und räumt ein, eine Geschichte der Nomaden nicht liefern zu können. Im Grunde könne er nur eine Antwort auf die Frage geben, warum Menschen wandern, statt stillzusitzen. Er appelliere an irrationale Instinkte und versuche, die Nomaden mit ihren eigenen Augen zu sehen, und entwerfe einen »neidischen oder misstrauischen Blick auf die Zivilisation draußen«.

Bei seiner forschenden Beweisführung stehen die australischen Aborigines, Buschwanderer und »Philosophen« des Unterwegsseins im Mittelpunkt; aber auch den Ureinwohnern Patagoniens, den Yaghan, schenkt er seine ganze Aufmerksamkeit, weil in ihrer alten Sprache Verben, Ausdrucksformen des Unterwegsseins, den »ersten Platz einnehmen«. Letztlich war Chatwin zu sehr von seiner These besessen, als dass seine Theorie der Nomaden den Ursprung der Menschheit erklären könnte; zu puristisch erörterte er hier eine Idee, die er in seinen sonstigen Arbeiten spielerisch vertrat und literarisch gestaltete.

Legt man, wie er, den Schwerpunkt auf das Unterwegssein und die Ruhelosigkeit des Menschen als einer anthropologischen Anlage und allgemeinen Konstante – »Die Frage aller Fragen ist die Natur der menschlichen Ruhelosigkeit« –, dann wirft dies ein anderes Licht auf unsere heutigen Debatten: einerseits in Bezug auf die Migrationsbewegungen und die Flüchtlingskrise und andererseits auf die schon lange geforderte Flexibilität in der globalen Gesellschaft. Zivilisation und nomadische Existenzform sind in Chatwins Verständnis keine Gegensätze. Führt die globale Gesellschaft den Menschen, aufgrund von Marktgesetzen, wieder ein Stück weit zu seiner ursprünglichen Lebensform zurück?

Die globale Gesellschaft und deren Marktgesetze machen die Menschen zu Nomaden wider Willen. Anders aber als Nomaden, die klar konturierten und selbst gewählten Migrationswegen folgen, werden Arbeitskräfte heute nach Gesetzen verschoben, die wenig mit ihren eigenen Lebensgesetzen oder denen der Natur zu tun haben. In Charakterisierungen des 20. Jahrhunderts als eines »Jahrhunderts der Migranten und Asylanten« ist der abschätzige Ton gegenüber allen, die nicht sesshaft sind, besonders auffällig.

Auch wenn Migrationen immer schon die Gesellschaften prägten und die Rede von monokulturellen Gesellschaften nur eine Fiktion darstellt, haben sich doch die Polarisierungen von »Eigen« und »Fremd«, von »Sesshaftigkeit« und »Nomadentum«, von »mono-« und »multikulturell« erhalten. Nomaden identifiziert man dabei fälschlicherweise mit einem wilden Herumziehen und der Missachtung von Grenzen. Zugleich würde man ihre Lebensweise idealisieren, wenn man in ihnen nur friedliebende Menschen, ohne jeden gewalttätigen Wettstreit, sähe. Bruce Chatwin spricht sogar von einer nomadischen »Militärmaschine« – koordiniert von mächtigen Autokraten –, die aber den in Streit verwickelten Parteien nie außer Kontrolle geriet. Sie würden bei ihren internen Fehden niemals ganz von ihrer »archaischen« Vorstellung einer Gleichwertigkeit der Menschen abrücken. Die Nomadenwelt sei von Blutrachen erschüttert gewesen, aber Gerechtigkeit sei persönlich, schnell und wirksam geübt worden. Die in einen Streit verwickelten Parteien hätten stets zu verhindern versucht, dass er außer Kontrolle geriet. Ihre territoriale Instabilität sorgte dafür, dass sie sich an Eroberungen größeren Ausmaßes nicht heranwagten.

Chatwin war in seiner großräumigen Theorie und Großen Erzählung davon überzeugt, dass die Nomaden ihrem menschlichen »Urbedürfnis nach Bewegung und Unterwegssein« entschiedener nachgaben und deswegen ihre Aggressionen gegen frustrierende Einengungen sehr viel versöhnlicher als bei den Sesshaften ausfielen.

Bei der Einbeziehung von Chatwins Überlegungen war ich von der Frage ausgegangen, ob die fiktionale und *poetische* Überhöhung des Unterwegsseins zu Recht als *exotisch* zu charakterisieren ist.

Um diese Frage beantworten zu können, muss man sich in die frühere Aufbruchstimmung, in eine Zeit des gefeierten Unterwegsseins, der mit Lust betriebenen Flucht in andere, vermeintlich exotische Welten zurückversetzen. Man denke nur an die Nachwirkungen von Gauguins Südsee-Bildern und Rimbauds Äthiopien-Bild, an Blaise Cendrars' und Henri Michaux' Abenteuer, an die Sehnsucht der Nach-68er, in Welten des Rausches, der Ekstase und Transzendenz einzudringen, und an das neue Interesse an der Ethnologie (im Anschluss an die großen Forschungsreisenden und Ethnopoeten wie etwa Bronisław Malinowski, Victor Segalen, Marcel Griaule, Michel Leiris, Isabelle Eberhardt).

Sie brachen großenteils nicht nur in bis dahin kaum geschaute, zumindest nicht oder nur wenig erforschte Welten auf. Sie suchten auch nach einer anderen Sprache, einer Sprache, die Kunde gibt von den in der Südsee, in Afrika, im Nahen und Fernen Osten entdeckten Gesetzen und Strukturen, von der *Logik*, wie auch von der *Poesie* im Leben, vom Handeln und Glauben der »Fremden«. Wie schwer es war, die Aufbruchsphantasien des Menschen grundsätzlich zu erforschen, zeigt sich ja an dem Projekt von Bruce Chatwin über die nomadische Existenz des Menschen.

Gibt es Ansatzpunkte, um das Reisen wieder neu zu entdecken – im Spannungsfeld des ethnologisch-politischen Blicks und des Festhaltens an der mit Fremdheit verbundenen Poesie, Schönheit und Phantasie? Ist das Ereignis des Unterwegsseins auch jetzt noch als ein selbstbestimmtes Abenteuer denkbar, das dem Hass, der Gewalt und der Unfreiheit trotzt?

2015/16 haben viele europäische Schriftsteller, Reporter und Intellektuelle die Flüchtlingsrouten zumindest streckenweise zurückgelegt. Erst einmal ist dies Ausdruck einer gelebten, risikoreichen Solidaritätsbekundung mit den Flüchtlingen. Ein Akt der Identifikation.

Jemand verlässt die isolierte Ruhe seines Schreibtischs und bricht auf. Er schlüpft für eine begrenzte Zeit in die Haut der anderen. Einige taten dies, als leidenschaftliche Reporter, ihr Leben lang: Sie gingen, wie auf exemplarische Weise Ryszard Kapuściński, immer dorthin, wo Revolten, Revolutionen, Kriege tobten.

Oft ist es ein schmaler Grat zwischen einer Sensationsreportage und einer engagierten Reportage, die weit über das augenblickliche Geschehen hinausgeht und in einer tiefen Verbundenheit mit den Menschen, ihrem Leben und ihrer Kultur gründet. Dies trifft auch etwa für Navid Kermanis Bericht *Einbruch der Wirklichkeit* zu.

Der Schriftsteller geht dorthin, wo Geflüchtete in Europa ankommen und sich weiter auf den Weg durch Europa machen. Es ist ein Weg entlang konkreter Orte. Vor allem aber ist es eine Bewegung im kaum aushaltbaren Spannungsfeld von politischer Wirklichkeit und der Wirklichkeit der Wünsche und der Phantasien; der Existenz des Krieges und der Gewalt, vor der man geflohen ist, und der Tatsächlichkeit der Hilfsbereitschaft sowie der Feindlichkeit und des Hasses, auf die man trifft. Der Wunsch nach einem menschenwürdigen Leben und die Phantasie, in ein befriedetes Land zu gelangen, müssen sich beständig neu durchsetzen gegen die unterschiedlichsten Widerstände. Und auch der Mitreisende Kermani erfährt unmittelbar den Einbruch dieser komplexen Wirklichkeit in sein Leben.

Ein solches Aufeinanderprallen von Realitäten und Vorgestelltem ist die Grunderfahrung jedes Reisenden. In seinen Texten entscheidet er, wie er das konkret festmachbare Wirkliche und das Wirkliche der Phantasie und des Imaginären gewichtet. *Einbruch der Wirklichkeit* und *Aufbruch in das Land der Wirklichkeit.* Nur sprachliche Nuancen unterscheiden den Titel des Buches von Kermani von demjenigen (erstmals 1924 erschienenen) ethnopoetischen Meisterwerk von Victor Segalen, des geistigen Nachfahren von Rimbaud und Gauguin. Diese vielleicht gering erscheinende Differenz zwischen Kermanis und Segalens Titel offenbart aber das ganze Spektrum in den Wahrnehmungen der »Wirklichkeit«, das den Reiseerzählungen, Reportagen und Ethnoreportagen eigen ist.

Unter dem Eindruck, in welch ungeheurem Ausmaß die Migration, der Rechtsextremismus und der Terrorismus die europäischen Gesellschaften in ihrer Grundstruktur erfasst und durchdrungen haben, greifen auch groß angelegte gesellschaftstheoretische und soziologische Studien auf Formen der Erzählung und der Reportage zurück. Besonders überzeugend ist dies dem in Paris lehrenden Soziologen Gilles Kepel gelungen. In *Terror in Frankreich* integriert er literaturkritische, journalistische und reportagehafte Elemente und Erzählformen in den wissenschaftlichen Diskurs, in den Aufbau seiner Argumentation und Deutung:

Die große Erzählung des Omar Omsen
Im Alter von sieben Jahren kam Omar mit seiner Familie aus dem Senegal nach Nizza und wurde schon als Jugendlicher straffällig. Das am Ostrand von Nizza gelegene Stadtviertel Ariane, wo Omar zur Schule ging, ist das glatte Gegenteil der bekannten Promenade des Anglais. Den Sommergästen bleiben die lang gestreckten Wohnblöcke verborgen, weil sie unterhalb der Autobahn zwischen der Müllverbrennungsanlage und dem Friedhof liegen. Auf dieser Schattenseite der Côte d'Azur geben die Dealer den Ton an, und die sichtbaren Zeichen der Islamisierung werden seit Anfang des Jahrhunderts und seit der zunehmenden Ausbreitung des Salafismus in den Banlieues immer zahlreicher.

Bewaffnete Raubüberfälle brachten Omar Omsen für einige Jahre hinter Gitter, und wie viele andere auch verband er im Gefängnis die salafistische Doktrin mit seiner Vergangenheit als Schwerverbrecher. Die Radikalisierung dient zur eigenen Rechtfertigung, weil sie ihm eine Neuorientierung auf das fromme Ziel des Dschihad ermöglichte. Nach seiner Freilassung 2011 wandte er sich an die Gruppe Forsane Alizza, in der einige Anhänger eine vergleichbare Biografie hatten. Auch lebten in Nizza wichtige Mitglieder der Gruppe, darunter der Franko-Tunesier »Osama«, der später seine Partnerin, eine Konvertitin, nach Syrien mitnahm, sowie der Angestellte einer Telefongesellschaft, der an die Gruppe die Daten von »Ungläubigen« weitergab, gegen die Strafaktionen vorgesehen waren.

Die weitere Darstellung der Organisation und der Lebensgeschichten folgt einer dicht gewobenen Verknüpfung von Erzähl- und Reportageformen, Videoanalysen und einer soziologischen und politischen Forschung.

Im Anschluss hat Gilles Kepel mit *Der Bruch* eine journalistisch-gesellschaftsanalytische Chronik mit Tagebuchanklängen, Prolog und Epilog geschrieben. Darin nimmt er beobachtend, deskriptiv und deutend seine Zeitgenossenschaft ernst und entwirft eine groß angelegte Erzählung des politischen und gesellschaftlichen Geschehens. Den einzelnen Lebensgeschichten und Schicksalen widmet er eine vergleichbare Aufmerksamkeit wie den bedeutsamen sozialen Umbrüchen. Die handelnden Personen werden in dieser Erzählung tatsächlich als Menschen erkennbar. In solch offenen narrativen Formen wie bei Kermani und Kepel verweben sich situative gesellschaftliche, soziale und politische Beobachtungen *vor Ort* mit Deutungen, die sich von der Erlebnisebene und der zeit- und ortsgebundenen Impression ablösen. Der Erzähler ist dann gleichzeitig Beobachter und Teilhabender, Reisender, emotional und intellektuell eingebundener Berichterstatter.

Die bei Kermani im Vordergrund stehende Form des Tagebuchs ermöglicht es ihm, allen Stimmungen Raum zu geben und zum Beispiel bei »objektiv« nebensächlichen Details zu verweilen, weil sie »subjektiv« wichtig und wertvoll sind. In einer Art gleichschwebender Aufmerksamkeit werden zuweilen ganz passager präzise Beobachtungen und Deutungen des Alltagslebens, politischer, gesellschaftlicher und sozialer Verhältnisse ausgebreitet – und dies auch inmitten eines Erzählens, in dem das Persönliche, zum Beispiel eine private, von Nostalgie geprägte Erinnerung oder Begegnung, im Vordergrund steht. Leitend ist hierbei stets der Wunsch, Zerstörungen, Gedankenlosigkeit, Korruption und Machtstreben nicht einfach hinzunehmen oder in einem engen ideologischen Konzept zu interpretieren, sondern entlang des eigenen Berührtwerdens davon *zu erzählen.*

In einer Welt, in der Emotionen vor allem in sozialer Netzwerk-Verzerrung vermittelt werden und alles, was mit Fremdheit verbunden ist, einem Kampf um Deutungshoheit und Meinungsterror unterworfen wird, haben solche Darstellungsformen, wie sie Kermani im Spannungsfeld von Beobachtung, Teilhabe und vorsichtigen Ansätzen des Verstehens und Deutens erprobt, einen unschätzbaren Wert. Kermani spürt seinen Sehnsuchtsbildern und dem Wunsch nach Leichtigkeit und Schönheit auch dort nach, wo der sogenannte Fortschritt nur noch Zerrbilder des »Eigenen« produziert hat. Der Beobachter und Deuter dieser Entwicklungen traut sich besonders dann, wenn er sich mit der inneren Dynamik der Prozesse vertraut gemacht hat, die Konturierung des eigenen Erlebens und der individuellen Beobachtersituation zu: bei den Spaziergängen, den Wanderungen und Radtouren. So wird am Ende Fremdheit in kleinen Schritten in die Nähe des Nacherlebens gerückt.

Und wie bedeutungsvoll der persönliche Hintergrund einer Reise in die eigene fremd gewordene Welt sein kann, zeigt sich im Erleben der Tochter, die in Isfahan die fremde Sprache und Kultur in emotionaler Nähe kennenlernt und voller Neugierde von den Mitschülerinnen begrüßt wird. Vertrautheit und Fremdheit sind immer in einem dynamischen Wechselspiel miteinander.

Politische, ethnologische und literarische Reportagen und Reiseerzählungen sind – dies sollte am Beispiel der in diesem Kapitel vorgestellten Autoren verdeutlicht werden – von besonderer Bedeutung für die Erweiterung der journalistischen Darstellung. In den Tagesnachrichten im Fernsehen, im Radio und in den Zeitungen wird das Thema der Fremdheit mit Notwendigkeit auf aktuelle Ereignisse konzentriert und verschwindet wieder aus dem Bewusstsein der Menschen, sobald neue Ereignisse in den Vordergrund treten. Die Formen, denen sich zum Beispiel Kepel und Kermani bedienen, haben eine ganz andere Dauerhaftigkeit über das Geschehnis hinaus. Und sie behaupten keine Eins-zu-eins-Widerspiegelung der Realität, sondern arbeiten mit vielperspektivischen Annäherungen; stellen Wahrheitserprobungen dar, bieten eine Folie und einen mitlaufenden Film für das Verstehen, Einordnen und Deuten der Nachrichten über Fremdheit und Fremde an.

Betrachtet man etwa die Berichterstattung vom 2. Februar 2018 über die schweren Zusammenstöße zwischen einer afghanischen Schlepperbande und Migranten aus Eritrea in Calais, dann läuft die journalistische Darstellung immer auf eine geforderte Verstärkung der »beherzt eingreifenden« Polizei und die Benennung einer Gewalt »nie gekannten Ausmaßes« hinaus. Das »nie gekannte Ausmaß« ist nur Ausdruck einer Distanzierung von einem »verabscheuungswürdigen Geschehen«. Dagegen wählt zum Beispiel der Schriftsteller Emmanuel Carrère die Form des Briefes, *Brief an eine Zoowärterin aus Calais*, und zeichnet, in intellektueller und emotionaler Teilhabe, ein komplexes Bild der gesellschaftlichen und sozialen Situation 2016/17 und einer nur schwer noch regulierbaren Form der Fremdheit, die von Gewalt, Feindlichkeit, Ausgegrenztsein, Rassismus, Hilflosigkeit und Hoffnungslosigkeit begleitet ist.

Carrère erzählt, wie er lernte, dass mit den »Sibiriern« die Syrer und mit ihnen alle Flüchtlinge gemeint waren. Dann schildert er, wie sich das Ergebnis der vorgezogenen Grenzkontrollen konkret an der Ausfahrt der A16 auswirkt:

Man wähnt sich in einem Kriegsfilm oder einem postapokalyptischen Videospiel. Dutzende von Mannschaftswagen der Bereitschaftspolizei CRS parken auf dem Seitenstreifen und überwachen den unterhalb liegenden größten Slum Europas.

Sobald es dunkel ist, machen sich junge Kerle in schwarzen Anoraks und Strickmützen, die in diesem Slum dahinvegetieren, an die Erstürmung der Umfahrung und starten die verschiedensten Ablenkungsmanöver..., um einerseits die Aufmerksamkeit der Bereitschaftspolizei abzulenken und andererseits den Verkehr zu verlangsamen in der Hoffnung, einen Lkw erklimmen zu können. Dabei gibt es zahlreiche, manchmal tödliche Unfälle, und selbst für diejenigen, die es schaffen, aufzuspringen und zum Hafen zu gelangen, sind die Chancen weiterzukommen verschwindend gering, so ausgeklügelt sind dort die Kontrollen: Hunde, Infrarotstrahler, Wärme- und Herzschlagsensoren ... Ein Albtraum für alle Beteiligten: für die Flüchtenden wie die CRS-Polizisten, die Lkw-Fahrer wie die Autofahrer, die entweder Angst davor haben, von einem Migranten angegangen zu werden oder einen zu überfahren – eine andere Variante des Gegensatzes anti oder pro. (...)

Was wird aus dem riesigen, leeren Gelände, auf dem sich der Dschungel erstreckte? Man hört von einem Reitsportzentrum, ebenso von einem Naturschutzgebiet unter der Verwaltung der Küsten- und Naturschutzbehörde Conservatoire du littoral. *Die Leute vom* Conservatoire du littoral *haben eine einzige fixe Idee, erzählt Marie: auf dem Gebiet Uferschwalben anzusiedeln. Nun sind aber Uferschwalben – ist es bittere oder naive Ironie – Zugvögel, auf Französisch: »oiseaux migrateurs«; ihnen wird man nun einen herzlicheren Empfang bereiten als ihren menschlichen Vorgängern, die zusehen können, wo sie bleiben.*

UNIVERSELL FREMD?

Menschen sind immer – entweder betont aktiv oder eher zurückhaltend und passiv – Mitglieder von staatlichen, privaten, rituellen oder familiären Formationen und Arbeitszusammenhängen. Die sich *innerhalb* dieser Gruppierungen abspielenden Ereignisse werden tendenziell eher als normal und die *außerhalb* tendenziell als fremdartig wahrgenommen. Die empfundene Fremdheit kann sich zu Gefühlen des Widerwillens und Ekels steigern. Dies betrifft auch Riten, Zeremonien und Performances: Abstößig fremdartig erscheint den Außenstehenden, was den Teilnehmern selbst Glück und Erfüllung verschaffen mag sowie das Gefühl, bei sich zu sein.

Fremdheit ist eine Universalie, konkretisiert sich aber in zumeist gegensätzlichen, in Widerspruch zueinander stehenden Zuschreibungen und Empfindungen.

Hierzu eine Bildfolge:
Dogon in Mali bei einem Ritual, 1932;
Fashion Week, New York, 2017;
mit (gegen Tränengas schützende) Gasmasken
  »verkleidete« Demonstranten, Venezuela, 2017

BEFREMDEN UND ENTMENSCHLICHEN

Für Hass, Erniedrigung und alle Formen von Ausgrenzungs- und Vernichtungswahn sind die Psychologie, die Psychoanalyse und die Gesellschaftswissenschaften die naheliegenden, sich zuerst anbietenden Zugänge des Verstehens. Aber lassen sie uns tatsächlich verstehen, welcher Selbstmanipulation – ja, in gewissem Sinn: welcher Technik – sich jemand bedienen muss, damit er überhaupt einem anderen Menschen, der doch der gleichen Gattung wie er angehört, das Daseinsrecht und die Würde abspricht? Muss er sich dazu nicht von sich selbst, als eines ethischen und humanen Wesens, *entfremden*?

Die jüngste deutsche Geschichte mit ihrer Rassenideologie, ihrem Ausgrenzungs-, Verfolgungs- und Vernichtungswahn hat Abgründe im Menschen und in der Humanität offenbart, die in letzter Konsequenz niemand außerhalb seines eigenen Daseins situieren dürfte. Die zu empfindende Befremdnis ist doch ein Existential, das das eigene Dasein in seiner Tiefenstruktur nicht mehr loslässt.

Karl Jaspers hat von einer »Umschmelzung unseres Wesens« gesprochen, und Andrzej Szczypiorski hat Hitlers KZ und Stalins Gulag die Schwelle genannt, »hinter der sich nur noch das Nichts erstreckte«. Können je, so muss man fragen, die Philosophie, die Gesellschafts- und Geschichtstheorie, die Kunst und Literatur an den Abgrund und an das Unbegreifliche einer solchen Fremdheit, an das absolute Ende der *Idee* der Schöpfung, der universalen Moral und Würde heranreichen?

1957/64 hatten Joseph Beuys mit seiner »Auschwitz-Demonstration« und 1969 Anselm Kiefer mit der Bildfolge »Besetzungen« den Weg gewählt, *inmitten* des Unfassbaren und Nicht-Darstellbaren nach einer Formensprache zu suchen, die den Künstler existentiell involviert. Aus Anlass seiner Ausstellung »Heroische Sinnbilder« (Paris 2008) formulierte Anselm Kiefer in Bezug auf den *Faschismus* seine Absicht, sich selbst so komplex wie möglich in die Deutung der Geschichte und deren Abgründigkeit verstehend-nicht-verstehend mit einzubeziehen.

Nur wenn wir uns bewusst würden, dass *Menschen* und nicht *der Mensch* die Erde bewohnen, könnten wir uns, so Hannah Arendt, mit der Vielfalt der Menschen, der auch abgrundtiefen Individualität des Anderen aussöhnen und müssten ihn nicht länger als Fremden stigmatisieren.

In Augenblicken gewaltsamer Übergriffe *auf* Fremde im öffentlichen Leben und in Flüchtlingslagern, polizeilicher und militärischer Eingriffe gegen ethnische und religiöse Minderheiten, in Zeiten zunehmenden Hasses und Rassismus, also in allen antihumanitären und antizivilisatorischen Entwicklungen erscheint Fremdheit nur noch als ein Zerrbild kulturellen und geistigen Reichtums. Es verstärken sich dann individuelle und kollektive Pathologien, Destruktions- und Auslöschungsphantasien. Umso wichtiger und lebensnotwendiger wird es, an der Fülle und Schönheit der Fremdheit, an der Ästhetik des Diversen und – gegen den Resonanzboden des Antihumanen – an der Resonanz der Zuneigung, des Vertrauens und des Wechselspiels von Nähe und Distanz und kreativer Differenz festzuhalten.

Und dennoch: Es wäre eine Illusion zu glauben, wir könnten uns dieser Resonanz in jedem Augenblick verpflichtet fühlen. Äußere Gewalt, von der man selbst betroffen ist, und innere Bilder der Befremdnis (zum Beispiel in Träumen) können jederzeit die Nähe durchkreuzen und einer destruktiven Fremdheit Raum geben.

Vielleicht fragt man sich, wer es ist, der im Traum hasst, mordet, denunziert, pervers ist: das vertraute Ich oder ein Anderer? Ständig verschieben sich die Grenzen dessen, was wir in Bezug auf uns selbst und auch in Bezug auf »das Menschliche« als zum »Eigenen« zugehörig oder als ihm »fremd« empfinden. Die denkbar dramatischste Weise, in der Fremdheit von außen, im Namen der nationalsozialistischen »Höherentwicklung« des Menschen, in das *eigene* Leben eines einzelnen Menschen eindrang, stellte das Lager dar. Es symbolisierte für die Lager-Gründer und -Verwalter die unverrückbare Grenze zwischen wertem eigenen und unwertem fremden Leben, sodass ein Lagerverwalter sich als »völlig normal« und die Vernichtung der Anderen als »ehrenvolle Aufgabe« bezeichnen konnte.

UNFASSBARE FREMDHEIT

Ich werfe noch einen, sich zwischen Lebensgeschichten und Geschichte (in größeren Maßstäben) auspendelnden Blick auf extreme Ausformungen der Fremdheit, von denen mir erzählt wurde, oder die durch die Literatur, den Film oder die Psychoanalyse übermittelt sind. Und auch auf extreme Ausformungen von Fremdheit, wie ich sie gleich zu Beginn meines Lebens erfahren habe. Und ich erzähle von Begegnungen, in denen Fremdheit und Fremdheits-Sphären in teils tragischen, teils komischen, auch absurden Erscheinungsformen zur Sprache kommen.

Meine Versuche, Fremdheit zu beschreiben und zu deuten, haben mich immer stärker davon überzeugt, dass damit auch die Verpflichtung verbunden ist, von der Erfahrung mit eigenen Weltanfreundungsversuchen Zeugnis abzulegen und sich der Schwierigkeit zu stellen, das vermeintlich objektive Verständnis von Fremdheit auf dieser Ebene der Selbsterforschung zu durchleuchten.

Beginnen möchte ich mit einem Lebensdrama, das mir aus nächster Nähe erzählt wurde und das mich in den Konsequenzen lange Zeit beschäftigt hat.

Ein Mann war für seine gesellschaftlich und familiär untragbare Perversion, Häuser anzuzünden und in der Glut des Feuers höchste Lust und Befriedigung zu finden, eingesperrt worden. Er selbst empfand keine Schuld. Dem konsultierten

Psychoanalytiker gelang es, nachdem er lange gezögert hatte, ihn in eine psychoanalytische Behandlung aufzunehmen, zu fraglich schien ihm der Erfolg. Nach jahrelanger Arbeit, die ihn in seiner Skepsis eher zu bestätigen schien, kam der Patient eines Morgens frohgelaunt und mit einer Blume im Knopfloch in die Praxis. Der erst einmal verunsicherte Analytiker sah dann schließlich doch darin das »sichere« Zeichen einer gelungenen Heilung und wollte dem (ehemals) Perversen in den folgenden Stunden vorschlagen, die Therapie zu beenden. Dazu sollte es nicht mehr kommen. Der Patient verabschiedete sich anscheinend fröhlich – und verübte Suizid. Die therapeutische Kunst (oder sollte man richtiger und einschränkender sagen: »Technik«?) war am Ende. Diese Perversion – Ausdruck extremer Fremdheit – war für den Patienten selbst das ihm Ureigenste. Es hatte die Funktion einer Plombe, einer Versiegelung; als sie aufgelöst wurde, war er nicht mehr lebensfähig.

Eine noch dramatischere Folge eines therapeutischen Versuchs, die extreme Fremdheit im Erleben eines Patienten aufzudecken, durchzuarbeiten und aufzulösen, richtete sich einmal gegen den Therapeuten selbst: Ein Patient muss den »Zugriff« eines psychosomatischen Arztes auf seine seelische Verfassung als noch bedrohlicher für sein extrem fragiles Seelenleben als die Krankheit selbst empfunden haben. Er tötete den Therapeuten.

Émile Zola beschreibt in seinem Roman *Bestie Mensch* einen Angeklagten, der bereit ist, über die Fakten eines von ihm begangenen Lustmordes zu sprechen, sich aber schämt zuzugeben, dass er früher einmal den Strumpf einer Frau geküsst hat. Ihm fällt es also leichter, über eine Perversion als über eine zärtliche Empfindung – die von ihm offensichtlich als extrem fremd empfunden wird – zu sprechen.

Man kann die ins Leben hereinbrechende unfassbare Fremdheit nicht treffender benennen als eine junge Frau im Rückblick auf ihre Kindheit: »In jedem Leben gibt es einen Menschen, der einem die roten Schuhe mit einer Axt zerlegt.« Als siebenjähriges Mädchen hatte sie in einem Augenblick überbordender Phantasie die Schuhe ihrer Mutter anprobiert. Kaum, dass sie sich im Spiegel, in sich selbst verliebt, angeschaut hatte, war ihr Vater ins Schlafzimmer eingetreten. Er entriss ihr gewaltsam das Objekt der Begierde, hastete, *außer sich*, in den Keller, der sonst sein Hobbyraum war, und zertrümmerte die Schuhe mit einer Axt, die ihm gewöhnlich zum Kleinmachen von Brennholz diente.

»In jedem Leben gibt es einen Menschen, der einem die roten Schuhe mit einer Axt zerlegt« – unglücklicherweise oft gerade dann, wenn man Fühlung zu sich, zum erwachenden Begehren und zum Gefühl des Eigenen aufnimmt. Dahinein bricht eine unfassbare Fremdheit – und fortan haftet jeder Fremdheit der Makel der Gewalt, des Hasses, der Unversöhnlichkeit an.

In meinem Fall war es ein vom Krieg tief traumatisierter Onkel, der jede Gelegenheit nutzte, um sein Gegenüber, vor allem mich, das zerbrechlichste, jüngste Glied in der Familienstruktur, in das eigene Drama hineinzuziehen und mich in heillose Verwirrungen zu stürzen. Aus dem existentiellen Bedrohtsein erwächst manchmal ein Staunen, darüber, dass das Leben tatsächlich zu meistern ist, und mehr noch, dass aus der tiefsten Bedrohung die größte kreative Kraft für Gegenentwürfe des Lebens erwächst. Das Staunen richtet sich auf die Erfahrung, dass das Leben tatsächlich weitergeht, sich sogar auf unvorhersehbare Weise entfaltet, und die Erde auch von *Menschen* bevölkert ist, für die der Andere der Nächste ist.

Angesichts der unermesslichen Vielfalt der bedrohlichen und der von Empathie und Zuwendung geprägten Bezüge und Vernetzungen, der destruktiven und der konstruktiven Atmosphären, Gewebe und Resonanzen, der Innen- und Außenräume bietet es sich an, von Welt auch als *Sphären* zu sprechen.

Sphären beinhalten und transportieren Vertrautes und Fremdes, laden dazu ein, ihnen zu folgen – und sie erzeugen Widerstand. Viele unserer Einlassungen und Verwicklungen im Sphären-Schauspiel sind nicht vorhersehbar.

In Jacques Derays Film »Killer stellen sich nicht vor« (1980) gleitet ein Mann unversehens von der ihm vertrauten Sphäre des Glücksspiels in eine von Großkriminellen beherrschten Sphäre, in der auch nur die geringste Abweichung und die Spur eines Verdachts mit dem Tod bestraft werden. Der Spieler hatte lediglich einen Schwerverletzten aus dessen Auto befreit und ihn in die Notaufnahme gebracht, ohne zu ahnen, dass der Unfall willentlich von dem Clan verursacht worden war und die unternommene Hilfeleistung als bewusste Einmischung eines Agenten verstanden wurde. Der geringfügig erscheinende, ein paar Minuten nur andauernde Wechsel von einer Sphäre, die zwar auch außerhalb normaler, alltäglicher Abläufe situiert, aber doch sehr überschaubar war, in eine völlig außerhalb aller Alltäglichkeit verortete Fremdheits-Sphäre erwies sich für den Spieler, der nicht bereit war, in das andere Spiel einzusteigen, als tödlich.

In den verschiedensten Abstufungen existentieller Bedrohung ist das menschliche Leben geprägt von unvorhergesehenen und in der Wirkung unabsehbaren Eingriffen von außen, durch die man Teil von Fremdheits-Sphären wird. Diese haben das Potential, die eingespielten Abläufe außer Kraft zu setzen, aber auch neue unbekannte Horizonte zu erschließen, den Blick zu weiten und vitalisierend zu wirken.

Auf Abenteuer- und Forschungsreisen ereignet sich dies ununterbrochen. Man ist ständig Teil von Transfers, die alles Bekannte sprengen. Andere Lebensgewohnheiten, Rituale, Gesetze, Ein- und Ausschließungsmechanismen fordern zur Weitung der eigenen Sphären und einer Beweglichkeit angesichts der Fremdheit im eigenen Verstehen und im Verstehen der Anderen heraus.

Dabei bringt jeder Reisende eine emotionale, auch körpersprachliche *Nähe* zu einer fremden Kultur und eine *Ferne* zu einer anderen mit. Mit den Saharanomaden der Tuareg fühlte ich mich schon verbunden, geradezu verwandt, lange bevor ich mit ihnen lebte – eine Sehnsuchtsphantasie hatte gleichsam den Weg gewiesen –; für die Nuba gab es nur ein sachliches Interesse an ihren Traditionen, aus dem sich eine emotionale Nähe erst entwickeln musste.

Dies trifft, nur anders konturiert, auch auf alle Begegnungen und Austauschformen innerhalb der eigenen Gesellschaft und in ihren sozialen Bereichen zu.

Ein Lebensformen-Ideal wäre es, die als störend empfundenen und die als willkommen geheißenen Fremdheiten im offenen Austausch miteinander wahrzunehmen, ohne dem Zwang zur Abstoßung und Verurteilung oder zur Integration und Vereinnahmung nachzugeben.

Als ich einmal die seltene Gelegenheit hatte, mich mit Thich Nhat Hanh (dem großen vietnamesischen Schriftsteller und Vertreter eines engagierten, angewandten Buddhismus) über das Geheimnis und die Dramatik des Zur-Welt-Kommens, über den Zauber der Liebe und die Brüche in der Liebe, über die unterschiedlichsten Formen von Fremdheit und Fremdheits-Sphären, von Befremdnis und Entfremdung, Vertreibung, Gewalt und Hass auszutauschen, erzählte er mir von einer Begegnung in einem amerikanischen Hochsicherheitsgefängnis, wo ihm, nach anfänglichen Bedenken des Direktors, Gespräche mit den Gefangenen gestattet wurden.

Als er nach und nach, zumindest in einigen Fällen, deren Vertrauen gewann, berichtete ihm ein des Mordes Angeklagter, er sehe gefasst seiner Verurteilung für eine Tat, die er nicht begangen habe, entgegen. Im Hof treffe er täglich auf den wirklichen Täter. Thich Nhat Hanh fragte ihn, wie er das aushalte und wie er mit seinen Gefühlen des Hasses umgehe. »Anfangs drohte mich der Hass aufzufressen. Ich hätte es nicht überlebt, wenn ich nicht eine grundlegende Wandlung meiner Einstellung versucht hätte. Ich versöhnte mich mit ihm, sah in ihm einen Verzweifelten, der eine doppelte Schuld auf sich geladen hatte, für eine erwiesene und für eine verborgene Tat, und der es sehenden Auges zuließ, dass sein Gegenüber dafür eine lebenslange Verurteilung erwartete.«

Ist eine solche Geste der Versöhnung nur eine sehr individuelle Antwort auf erfahrenes existentielles Unrecht? Ist sie übertragbar auf unsere gesellschaftliche Situation und kann sie von »Fremden« wie von »Einheimischen«, denen Unrecht geschieht, in Erwägung gezogen werden? Und: Wie weit soll die Geste der Versöhnung gehen – bis zur möglichen Ausschaltung des eigenen Lebenswunsches, des eigenen Traums, wie es Thich Nhat Hanh in seinem Gedicht »Unser grüner Garten« (1964/65) unter dramatischen Umständen des Kriegs in den Raum stellt: Er ruft seinem Nächsten, der ihn vernichten will, zu:

Liebster Bruder, ich weiß sehr wohl,
dass du es bist, der mich heute Nacht erschießen wird
– eine Wunde im Herzen unserer Mutter,
die nie mehr heilt.
O ihr furchtbaren Winde, aus allen Teilen des
    Universums
stürmt ihr herbei, macht unsere Häuser dem Erdboden
    gleich,
raubt unseren Feldern die reife Frucht!
Ich sage meiner versengten, schwärzlich schwelenden
    Heimat Adieu.
Hier, auf meine Brust, Bruder, ziel und schieß!
Meinen Körper geb ich hin, den unsere Mutter gebar
    und nährte.
Vernichte ihn im Namen deines Traumes –
dieses Traumes, in dessen Namen du tötest.
Hörst du, wie ich dem Dunkel zurufe:
»Wann hat das Leiden ein Ende?
O Dunkelheit, in wessen Namen nur
verrichtest du dein Zerstörungswerk?«
...

Wer aber wird noch übrig bleiben, um einen Sieg
    zu feiern
aus Blut und Feuer?

Nach längerem Zögern sagte ich zu Thich Nhat Hanh: Ihr Gespräch mit dem Gefangenen und dessen Haltung der Versöhnung ruft mir wieder eine Unterredung in Erinnerung, die ich 2004 mit dem französischen Journalisten Jean Hatzfeld hatte. Wir sprachen über den Genozid in Ruanda und seinen Wunsch, trotz innerer und äußerer Widerstände, nach den Gesprächen mit den Hinterbliebenen der Opfer (die mehrheitlich zu den Tutsis gehörten) sich auch mit den Mördern (die zu den Hutus zählten) zu treffen. Bei diesen Begegnungen, die in einem Trakt des Gefängnisses ohne Wärter und Aufseher stattfanden, stellte er die Frage, ob die Täter sich erhofften, dass man ihnen verzeihen möge, und musste erfahren, dass sie unfähig waren, auch nur die geringste Schuld in ihrem grausamen Tun zu entdecken. Sie verstanden, selbst angesichts ihrer Metzeleien, nicht den Sinn von Vergebung.

Eines Tages erzählte ich dem Schriftsteller Ephraim Kishon von diesen Begegnungen mit Thich Nhat Hanh und Jean Hatzfeld. Nach einem längeren Schweigen sagte er: »Wir müssen immer wieder neu ansetzen, um Ungerechtigkeiten, Traumata, Schicksalsschläge und auch das selbst erfahrene Ende der Zivilisation zu überleben. Ich habe zum Beispiel oft etwas getan – dir mag es von außen als zutiefst absonderlich und befremdlich erscheinen –, was mir aber in Augenblicken, in denen mich die grauenvolle Erinnerung an die nationalsozialistische Herrschaft des Inhumanen überwältigte, zumindest vorübergehend hilfreich war. Ich setzte mich – und tue es sogar noch manchmal – ins Auto, drehte ein paar Runden und hörte dabei Reden von Hitler und Goebbels, die ich zusammengeschnitten hatte. Nach unvorstellbaren inneren Turbulenzen brach ich in schallendes, erlösendes Gelächter aus. Jetzt erzähl du mir von Fremdheitserfahrungen und Absonderlichkeiten, die du selbst in deinem Leben und in anderen Kulturen gemacht oder beobachtest hast. Das würde mir helfen. Und wir könnten zusammen lachen ...« – »Weißt du, lieber Ephraim, lange Zeit war ich, wie auch der Ethnologe Nigel Barley, der Überzeugung, es sei schlechterdings unvorhersehbar, was Menschen an anderen Menschen und Kulturen als fremdartig und absonderlich erscheint. Heute hat sich die Situation verändert: Es müssen nur zwei, drei Merkmale zusammenkommen, und schon haben wir mit ›tödlicher Sicherheit‹ den uns bedrohenden Fremden ausgemacht ...«

Die Wege, auf denen jemand zu einem willkommenen oder aber gefährlichen Fremden erklärt werden kann, sind vielfältig und oft in ihren Verästelungen nur schwer zu erahnen. So muss der berühmte Ethnologe Clifford Geertz in einem balinesischen Dorf erleben, wie er aus ihm unerklärlichen Gründen zu einer »Unperson« erklärt wird und eigentlich körperlich unsichtbar ist. Eines Tages schließt er sich bei einer Razzia, panisch erregt, den anderen fliehenden Dorfbewohnern an. Diese deuten sein angsterfülltes Verhalten als Akt der Solidarität mit ihnen gegen die Polizei. Dies macht ihn zu einem Freund, einem Freund auch des beliebten Hahnenkampfes, weswegen die Razzia stattgefunden hatte. So gewinnt er an Prestige, wird sichtbar. In einem anderen Fall bedeutet gerade ein offensichtliches Merkmal des Fremdseins die Rettung. Polizisten erkennen in der Pfeife, die der Schriftsteller V. S. Naipaul bei einem Besuch 1977 in Argentinien raucht, den Beweis dafür, dass er ein Fremder und kein Guerillero ist. Was ihm als völlig harmlos und unscheinbar vorkam, war für die einheimische Polizei ein Kennzeichen allerersten Ranges, ein definitiver Beweis dafür, dass er ein Fremder und in diesem Fall nicht der zu inhaftierende Feind ist.

Der Anblick von Fremdheit hat oft auch unerwartete schöne – und beschwerliche Folgen: Felicitas, eine ungewöhnlich groß gewachsene Frau mit einem steten, der ganzen Welt zugewandten lachenden Gesicht, erzählte mir nach ihrer Indienreise von einer Begegnung, die alle anderen Erlebnisse in den Schatten stellte. Ein junger Mann, der mit seinem Fahrrad hochgetürmte Briketts transportierte, war beim Anblick von Felicitas' Erscheinung derart überwältigt, dass er stürzte – ein Missgeschick, das ihm bei seinen bisherigen Touren sicher noch nie passiert war. Sie eilte herbei, half beim Auflesen und Verzurren der Briketts – was die Fremdartigkeit noch verstärkte. Aus Dank schenkte er ihr ein Brikett, das sie fortan während ihrer langen Indienreise mit sich trug und dort, wo sie übernachtete, neben sich legte.

Das Reservoir an dramatischen und abgründigen sowie komischen und absurden Fremdheitserfahrungen und Fremdheits-Sphären ist unausschöpflich.
Dramatisch, abgründig, komisch – und das Ungeheure oft an der Grenze des Aushaltbaren. Der Hunger, das Leid. Werde ich noch einmal in den Sudan oder den Jemen (deren Menschen und deren Architektur jahrzehntelang in mir so lebendig waren) reisen? Ich befürchte, ich würde verzweifeln – schon die Fernsehbilder, die mich erreichen, übersteigen an manchen Tagen meine Möglichkeit, sie länger anzuschauen.

FREMDHEIT, LIEBE, TÖTUNGS-
PHANTASIEN, FILM

Viele der eben erzählten Fremdheitserfahrungen sind, zumindest in Tiefenstrukturen, unauslöschlich. Und wie ist es in der Liebe, die ja in der Kindheit ihren Ausgang nimmt und dann zuweilen höchst sonderbare Blüten und Früchte trägt? Was geschieht in ihr – als dem Ausdruck größtmöglicher Nähe und Vertrautheit –, wenn Fremdheit und Feindlichkeit übermächtig werden?

Eine Besonderheit der Fremdheit, die man in der Liebe erfährt und von der Filme die eindrücklichsten Szenarien entwerfen, besteht darin, dass die Andersheit (die der Mensch, dem man sich annähert, verkörpert) als geheimnisvoll und anziehend, als derart beflügelnd und beseelend empfunden wird, dass es heißt, Verliebte hätten Schmetterlinge im Bauch. Der Tod der Schmetterlinge, wenn die Liebe zerbricht, wirkt wie eine letztgültige Entlarvung des Anderen und der Andersheit als gefährlich, bedrohlich.

Wie aber ist, in den allerersten geschichtlichen Anfängen, überhaupt die Abneigung, zuweilen sich steigernd zum Hass, in die Liebe gekommen? Und wie ist es uns ergangen, als die große Liebe zum ersten Mal umschlug in den Wunsch, dem anderen nie begegnet zu sein? Oder ist es so, dass die Abneigung immer schon latent da ist und dann auf einmal übermächtig wird? Würde sich auch nur ein Mensch der Liebe hingeben, wenn er wüsste, dass ihr dieses Ausmaß an Entfremdung innewohnen und Liebe in tödliche Abneigung sich verwandeln kann?

»Was wollen Sie noch von ihr?« – »Ich will sie töten.« Ein Dialog in Michael Cristofers Film »Original Sin« (2001). Eine Frau betrügt ihren Mann und verschwindet im Nichts, aus dem sie (oder ihr Traumbild?) eines Tages aufgetaucht war. Es ist nicht die Liebe, die ihn zum Töten antreibt, sondern Besessenheit, in die sich die Liebe verwandelt hat. Wenn er seine Frau fände und tötete, hätte er seiner Verfallenheit ein Ende bereitet und damit eingelöst, was als Motto über dem Film steht: der Film erzähle, heißt es, keine Liebesgeschichte, sondern eine Geschichte über die Liebe und die Macht, die sie über uns hat.

Die Liebe macht die Menschen, die von ihr ergriffen werden, nicht immun gegen unvorhersehbare und unberechenbare Verstrickungen und Verstörungen. Als ein nahezu seelenlos gewordenes, vollständig in gesellschaftlicher Routine aufgeriebenes Leben einer Frau neben ihrem Ehemann endlich ein Ende hat und sie in der Liebe zu einem jungen Mann aufblüht, gerade da verliert sie ihren Sohn, der unglücklicherweise auch noch ein Freund ihres Geliebten ist. Sie verliert alles, wo sie doch alles gewonnen zu haben glaubte. Hat die Liebe das Leben ausgetrieben? Die Liebe, die doch das Leben gerade erst zurückgebracht hatte?

Der Liebe ist von Anfang an auch der unterschwellige, merkwürdige, aber verständliche Wunsch eigen, die Fremdheit, die vom Anderen bei den ersten Begegnungen ausging und einmal für den Zauber und auch für den Suchtcharakter der Verfallenheit verantwortlich war, irgendwann klein zu machen und vielleicht sogar ganz zum Verschwinden zu bringen. Wir ahnen nicht, dass in dieser Zeit, in der man die Fremdheit des Anderen zu mindern und geringer zu schätzen beginnt, schon der Tod der Liebe einsetzt und ein Weg in die Gleichgültigkeit oder Langeweile geebnet wird.

Würde auch nur ein Mensch eine Liebesgeschichte beginnen, wenn er die Trostlosigkeit vor sich sähe, in die sich die Leidenschaft eines Tages verflüchtigen kann? Ist es nicht erbärmlich, wie die Frau, nach der du dich einst verzehrtest, dir noch, kurz bevor sie die Wohnung verlässt, zuruft: Ich hab deine Wäsche aufgehängt, vergiss nicht, sie am Abend reinzunehmen, es soll ein starkes Gewitter geben. Das Alltägliche »mordet« die Liebe, nein, nicht die Liebe, aber deren Aura. Zumindest erscheint es so.

Manchmal genügt, wie in Truffauts »Die Braut trug Schwarz« (1968), eine winzige Abweichung vom Ziel, und aus dem größten Glück wird unsagbares Leid. Eine launige Spielerei mit einer Prise Risiko, wie es gelangweilte Männer lieben: ein Gewehr macht die Runde. Avisiert wird der Kirchturm. Unglücklicherweise aber trifft einer der Männer den Bräutigam David, als dieser gerade mit seiner Braut Julie aus der Kirche tritt. Eines Tages beginnt Julie ihren Rachefeldzug, bringt die fünf Freunde, einen nach dem anderen, auf unterschiedliche Weise um. Alles läuft glatt – bis einer von ihnen gerade in dem Augenblick, da sie seinem verpfuschten Leben ein Ende bereiten will, von der Polizei abgeführt wird. Sie lässt sich davon nicht entmutigen und macht sich auf die Suche nach ihrem nächsten Opfer. Das Drehbuch hat aber auch in diesem Fall eine Überraschung eingebaut: Im Atelier des Malers zeigt sie sich zum ersten Mal in ihrer Schwäche und lässt sich von ihren Gefühlen verwirren. Die Vergangenheit und die gegenwärtige Situation überlappen sich und verwirren sie in ihrer Rolle als Modell: Mit Pfeil und Bogen zielt sie auf ein fernes Objekt, hat aber *ihn* im Blick. Er gesteht ihr seine Liebe. Gekünstelt windet sie sich aus der Situation, hält jedoch an ihrem Plan fest, vergiftet ihn und gerät doch noch einmal in Turbulenzen, als sie sich in einer von ihm gemalten Liebesszene, als Objekt der Begierde, entdeckt. Alles nimmt seinen Lauf.

Beim Begräbnis des Malers erscheint sie schwarz verschleiert. Die verräterische Verhüllung ist von ihr geplant, um den Fall vollständig aufzudecken, ohne den fünften Mann, an den sie ohnehin nicht herankommt, erschießen zu müssen. Bereitwillig, geradezu hingebungsvoll, lässt sie sich ins Gefängnis bringen, in dem, welch glücklicher Zufall!, ihr letztes Opfer bereits einsitzt …

Mit einer Eindringlichkeit, der sich kein Zuschauer entziehen kann, hat Louis Malle in seinem Film »Verhängnis« (1992) alle Facetten der Liebe, Leidenschaft und Begierde, der Verfallenheit und Verzweiflung und das ganze Ausmaß von Fremdheit vorgeführt. Es ist eine auf die Spitze getriebene Überlagerung von existentiellen Fremdheits-Sphären: Ein Ehemann geht eine intime Beziehung mit der Geliebten seines Sohnes ein. Unmittelbar vor der Hochzeit des Sohnes ertappt dieser seinen Vater in flagranti und stürzt beim Verlassen des Zimmers im Treppenhaus in den Tod. Die Ehefrau sagt zu ihrem Mann: »Als es zwischen euch anfing, hättest du dich umbringen sollen.« Es gibt nur mehrfache Verlierer in diesem Spiel auf Leben und Tod, in dem sich die Liebe und Begierde in Trostlosigkeit verwandelt haben, da selbst für den Hass die Kraft fehlt: Die Ehefrau hat ihren Mann und ihren Sohn, der Ehemann seine Frau, seine Geliebte und seinen Sohn, die Geliebte ihren Bruder, ihren Geliebten und ihren Fast-Ehemann verloren. Der Ehemann und seine Geliebte (die Fast-Ehefrau seines Sohnes) waren das Wagnis einer schwebenden, artifiziell in Balance gehaltenen Fremdheit eingegangen: sich gegenüber ihren Partnern in der offiziellen und einer geheimen Rolle, sich eigen und fremd zueinander zu verhalten, sich im ständigen Wechsel temporär zu entfremden und anzunähern. Auf den Punkt bringt diese Dissoziierung in Anteile des Eigenen und des Fremden das Geständnis der Geliebten unmittelbar vor ihrer Heirat mit Martin: »Denkst du wirklich, ich würde Martin heiraten, wenn ich dann nicht mit dir sein könnte.« Dies ist die der Fremdheit auch innewohnende nach-griechische Tragödie.

FREMDHEIT, KULTUR, NATUR

Fremdheit wurde in diesem Buch als universales, auch extreme Fremdheits-Ausschläge der Liebe berührendes Phänomen vorgestellt und erzählt. Dabei war der Blick immer auch darauf gerichtet, wie sie sich politisch, gesellschaftlich und im Leben des Einzelnen konkretisiert. Gestreift wurden die Bezüge zur Natur – die Übergänge zwischen Kultur und Natur – immer dann, wenn Reisen in außereuropäische Länder und Aufbruchsphantasien das Thema waren. Zum Beispiel, wenn Victor Segalen in dem Band *Aufbruch in das Land der Wirklichkeit* davon träumt, dass es dem reisenden Dichter gelingen möge, nach den »geheimnisvollen Höhlen des menschlichen Innern« zu forschen, in denen »diese verschiedenen Welten sich verbinden und gegenseitig zur völligen Entfaltung bringen können«.

Die »geheimnisvollen Höhlen des menschlichen Innern« erweisen sich, trotz ihrer verzaubernden Kraft, immer auch – das war die durchgängig angesprochene Doppelbödigkeit des Phänomens der Fremdheit – als Abgründe und dramatische Grenzerfahrungen. Die Unmittelbarkeit des Ausgesetztseins in extremer Natur macht uns eine Form von Fremdheit erfahrbar, die, wie auch in der Besessenheits- und Verfallenheitsform der Liebe, den Schutz der Kultur hinter sich gelassen hat und dorthin führt, wo Fremdheit und Tod sich auf elementare Art und Weise berühren.

Bei einigen Reisen – exemplarisch bei der Durchquerung

der Syrischen Wüste – erfasste mich erst nachträglich, viele Jahre später, die unabweisbare Gewissheit, dass sich hinter einigen dieser Abenteuer in ihrer existentiellen Dimension Todes-Sehnsüchte verbargen. Hier war die Konfrontation mit Fremdheit eine Erfahrung von schutzhautloser Nacktheit und rückhaltlosem Ausgesetztsein – und nichts anderes meint ja Existenz.

Schon die (mit hereinbrechender Dunkelheit sich steigernde) Verlorenheit in einem endlosen Kakteengestrüpp, aus dem es kein Entrinnen zu geben schien und dem man das Labyrinth zu Beginn, nach einer beim Morgengrauen begonnenen Wanderung, nicht angesehen hatte, oder das Heulen von Hyänen entlang des Blauen Nils in völliger Einsamkeit oder das Erblicken einer Raubkatze direkt über meiner Lagerstelle abseits jeder menschlichen Behausung berührten in mir die Nahtstelle zwischen Leben, Tod und letzendlicher Fremdheit. Berührt wird aber immer auch ein tief verwurzelter Überlebenswunsch, die Hoffnung, die erfahrene Fremdheit in ihrer Endgültigkeit zu überwinden, Fremdheit und Vertrautheit wieder zu versöhnen, oder in den von Reinhold Messner (*Wild oder Der letzte Trip auf Erden*) zitierten Worten des Polarforschers Ernest Shackleton: »Plötzlich wird dem Mutigen das Schlimmste zum Besten.«

Reinhold Messner, der das Zerbrechen einer 1914 angetretenen Antarktis-Durchquerung von Shackleton und dem Abenteurer Wild erforscht hat, schreibt die verheißungsvollen Sätze: »Der ›schlimmste Trip auf Erden‹, wie Shackleton seine Endurance-Mission später genannt hat, war zum Albtraum geworden. Vier Monate Hunger, Hoffnungslosigkeit, Kälte und Finsternis für die auf der Insel Zurückgebliebenen… Wir wissen heute alles über Shackletons Rettung bringende Überfahrt. Wild wusste damals nichts. Dieses Nichts füllte Wild mit Vertrauen.« Auf dieser Ebene radikaler Erfahrung – immer auch mit der Möglichkeit überbordender gegenseitiger Auslöschungsphantasien, anhaltender innerer und äußerer Verdunklung und eines ausbrechenden Wahnsinns – verbündet sich das Nichts (die Abwesenheit von allem) mit Vertrauen und Instinkt. Dies geschieht im Dienste des Überleben-Wollens und der Rückeroberung einer kulturell bereits erprobten Fremdheit, die sich immer wieder neu mit Nähe auszupendeln hat.

Wer in einer dem Menschen abgewandten Natur in Not gerät, greift auf kulturell erworbene Einstellungen und Orientierungen zurück: auf die verschiedensten Ausprägungen eines religiös oder spirituell ausgerichteten Vertrauens, dem man zutraut, zur Rettung beizutragen. Darin ist auch eine widersprüchliche Vielschichtigkeit verborgen: Man verlässt die gewohnten Lebenszusammenhänge und dringt – nicht ohne die kreative Phantasie, sich in solchen Momenten über die anderen Menschen und deren Begrenzungen zu erheben – in eine Welt vor, die man zu meistern glaubt, selbst wenn man von ihrer Eigengesetzlichkeit weiß. Dann aber gerät man in eine todesnahe, eine von Unendlichkeit und Naturgewalten dominierte Zone und sucht den Halt bei einer höheren, wie auch immer beschaffenen Instanz. Vertrauen heißt in diesem Sinn die Bereitschaft, sich in übermenschliche Geschicke und Ordnungen einzufügen.

Gleichzeitig bildet sich in elementaren Naturerfahrungen – Erfahrungen einer Innen und Außen verknüpfenden Fremdheit außerhalb kultureller Bezüge – immer auch noch eine andere Art des Vertrauens heraus: das Festhalten am inneren Bild des eigenen bisherigen Lebens in seinen starken Augenblicken des Glücks, an die Familie, an Kinder, an erfahrene und verschenkte Liebe, an Poesie, Musik und Tanz – und vielleicht an die von vielen Menschen erfahrene heilende Wirkung des Gebets und der Meditation. So kehrt der in extreme Natur Aufgebrochene in seinen Visualisierungen zuweilen auch zurück in die Potentiale des »normalen« Lebens, aus dem er sich gerade, temporär, verabschiedet hatte. Er stellt dann den Willen zu *absoluter* Selbstverwirklichung infrage und erkennt in ihr vielleicht auch Anteile von Hochmut.

Es ist ein schmaler Grat zwischen einer fremdgesteuerten Rekordsucht (einer maßlosen Grenzüberschreitung) und einer tief im Inneren menschlicher Entfaltungsmöglichkeiten verwurzelten Schöpfungskraft, die darauf gerichtet ist, tradierte Begrenzungen und Setzungen des »Unmöglichen« aufzuheben. Ein solcher Aufbruch kann gerade zur Natur in ihrer Autonomie und kosmischen Größe hinführen.

In extremer Natur, in Poesie und Musik und im Tanz gibt es Annäherungen an die Reinform der Fremdheit: auf der elementarsten Ebene eins zu sein mit einem von Abspaltungen und Projektionen zeitweise befreiten Ich. Auf einem Terrain, wo alles Vertraute verschwunden ist und sich noch nichts Neues gebildet hat.

Nicht ohne Wehmut blicke ich zurück auf jene Jahre, in denen ich das Gefühl hatte, die Außenwände der Welten seien voller Fenster, durch die man auf noch Unerforschtes hindurchblicken kann, und offener Türen, durch die man nur hindurchzugehen braucht, um fremdes Terrain zu betreten.

FREMDHEIT ERFAHRBAR GEMACHT IN DEN BILDERN VON ANSELM KIEFER UND IN DEN FILMEN VON ULRIKE OTTINGER

Anselm Kiefers Bilder und Rauminstallationen und Ulrike Ottingers Filme rücken auf exemplarische Weise »Fremdheit« in eine sinnliche, ästhetische und reflexive Nähe. Sie können zeigen, wie eng Mythos, Geschichte und Poesie, Tradition und Moderne miteinander verbunden sind; in welch einem spannungsreichen Austausch- und Resonanzverhältnis sie zueinander stehen.

Es sind Große Erzählungen der Wirklichkeit, in der sich unablässig das, was wir »eigen« und »fremd«, »nah« und »fern«, »vertraut« und »unheimlich« nennen, überlagern.

Ihre filmischen und bild-poetischen Arbeiten und Rauminstallationen haben eine andere, in vielerlei Hinsicht auch breitere Palette an Techniken als die Literatur zur Verfügung, um zu zeigen, wie sich beständig Bildebenen, Geschehensverläufe und Rituale, Geschichte und Geschichten schichten und vermischen.

Anselm Kiefer und Ulrike Ottinger verstärken den *Widerhall* der Fremdheit in seiner unermesslichen Komplexität. Und dabei wird immer auch deutlich, dass jeder Mensch diesem Widerhall in sich selbst nachspüren kann.

Streu deine Blumen Fremdling, streu sie
ein Garten, der hier liegen sollt, er
da stehn in der Luft, dem ich folgte. Dein
schöpften die Fenster, wir leer, wir fanden
Blume, Blume, ein Blindenwort dein Aug und
Kerzwand und Kerzwand blättert hinzu - ein Wort noch

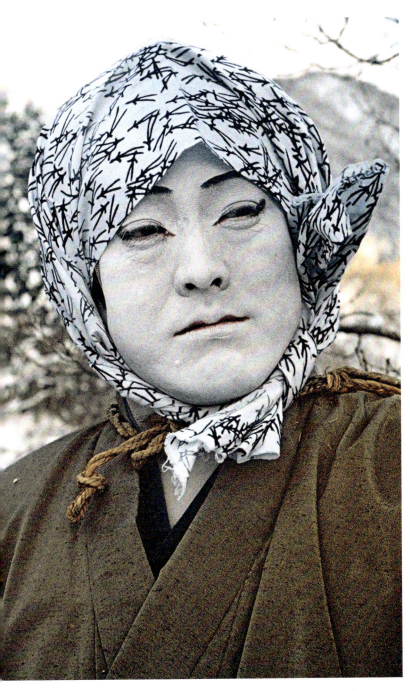

Ulrike Ottinger hat mit ihren Filmen – beispielhaft in den hier abgebildeten Ausschnitten – die theatralische und die ethnopoetische Erfassung und Beschreibung von »Fremdheit« für den Film neu erfunden und spielerisch die kategoriale Unterscheidung zwischen europäischen und außereuropäischen Kulturen, zwischen Spielfilm und ethnographischem Film aufgehoben. Dabei haben die Menschen und das gelebte Leben immer Vorrang vor der Theorie, ganz in dem Sinne, in dem der Sprach- und Literaturforscher George Steiner alles Verstehen und jede Theorie als vorläufig und unzulänglich bezeichnete. Es sei, als ziehe das Gedicht, das Gemälde, die Sonate rings um sich einen Kreis, gleichsam einen Schutzkreis vor der Tendenz zur Aneignung.

Wie kein anderer Künstler macht Anselm Kiefer das Vorgeschichtliche und Geschichtliche in ihrem untrennbaren Zusammenhang sichtbar. Er öffnet den Weg zu den Mythen, der Mystik und Alchemie über neue Visualisierungen. Er erweitert das Verständnis von Poesie in ihrem poetologischen und ontologischen Sinn: als Daseinsform des Künstlers und als absolute Form des schöpferischen Zugangs zur Welt, der Umwandlung von Leben in Kunst. Anselm Kiefer zeigt, was es heißt, im Echoraum des vom Autochthonen und von der Zeit der Anfänge, vom Mythischen, Mystischen, Poetischen und Geschichtlichen, von Fremdheit erfüllten Raum Kunst zu schaffen.

ANSELM KIEFER: *Abendland*, 1989; *Streu deine Blumen Fremdling*, 2012; *Aperiatur terra (ohne Titel)*, 2006; *Jeder Mensch steht unter seiner Himmelskugel*, 1970
ULRIKE OTTINGER: Aus dem Kontext des Films »Unter Schnee«, 2011: *Teehaus zum Weitleuchtenden Schneekristall; Auf der Schneegrabenbrücke; Das verwandelte Paar; Tod im versunkenen Dorf*

PERSÖNLICHE ANMERKUNGEN ZUR ENTSTEHUNG UND FORM DIESES BUCHES

Sei vielgestaltig wie das Weltall.
FERNANDO PESSOA

Es war mein Anliegen, nicht nur den großen überpersönlichen Spuren der Geschichte, sondern immer auch den individuellen Erfahrungen der Fremdheit bei der Flucht, den Migrationsbewegungen und den aus Neugierde, Abenteuerlust und Forschungsinteresse unternommenen Reisen zu folgen und davon zu erzählen. Erweitert wurde der Blick sogleich auf Fremdheitserfahrungen in extremer Natur und im Erleben der Liebe. Angestrebt waren Annäherungen und Konturenzeichnungen des ganzen Spektrums des Phänomens der Fremdheit.

Es gibt ein Ausmaß an Fremdheit, das sich bei jedem neuen Auftritt von Politikern – die in ihren zuweilen höchst befremdlichen psychischen und emotionalen Verfassungen maßgeblichen Einfluss auf die globalen menschlichen Geschicke haben – immer wieder dem Verstehen entzieht. Das betrifft die möglichen und die tatsächlichen militärischen Übergriffe, Auslöschungsphantasien und -praktiken, in denen sich der Mensch als humanes Wesen verabschiedet hat oder zu verabschieden droht. Dies wirkt selbstverständlich auch in die nationale und lokale Politik, in die Mentalität der

Menschen, ihren Zusammenhalt und ihre Entfremdungen hinein.

Aber ebenso gibt es die plötzlichen Verkehrungen maßloser Fremdheit in Szenen der Annäherung und in initiierte lebbare Nähe.

Oliver Sacks äußerte, kurz vor seinem Tod, er sei dankbar dafür, den »Verkehr mit der Welt« genossen zu haben. Kann jemand mit der ganzen Welt »verkehren«? Wenn, dann doch nur in dem schicksalhaften Sinn, dass er von dem Augenblick an, da er in diese Welt eintritt, mit allem, was sie ausmacht, und das ist heute mehr denn je die Fremdheit, in einem intensiven Kontakt ist, dass er mit der Welt »verkehrt«.

In einem sehr bescheidenen Sinn empfinde ich die mir zuteilgewordene Möglichkeit, an den geistigen Aufbrüchen ab den 1970er Jahren aktiv teilgehabt zu haben und in den unmittelbaren Austausch mit europäischen und außereuropäischen Autoren, Kulturen und Naturen eintreten zu dürfen, als einen bevorzugt lebendigen und umfassenden Kontakt mit der Welt. So gesehen hat dieses Leben (das 1945 mit der Flucht aus Danzig und grenzenloser Fremdheit und Befremdnis begann) tatsächlich etwas von einem »Verkehr mit der Welt« an sich. Sicher ist es aber angemessener, statt von einem »Verkehr« von einer *Reise* zu sprechen, von einer Reise, die in Zentren und an Peripherien des 20. Jahrhunderts führte. Wenn man von einem Herz des 20. Jahrhunderts sprechen mag, dann von einem Herz der Finsternis und einem Herzen, das sich nach Freiheit und Leichtigkeit – und nach Helligkeit sehnte.

Diesen Sehnsuchtsstrang galt es in der Nachkriegszeit aufzugreifen und nach Perspektiven im Verstehen und Erzählen von »Welt« zu suchen. Es waren Exerzitien in einer Großen Erzählung.

Solche exemplarischen Exerzitien zur Erforschung der im Inneren und im Außen erfahrenen Fremdheit, der Selbst- und Fremdethnographie unternahmen auch die Autoren des »Autobiographischen Projekts«, beginnend mit Michel Leiris (dem ich mich seit den 1970er Jahren eng verbunden fühlte). Heute ist dieses »Projekt« vor allem durch Karl Ove Knausgård, Tomas Espedal und Emmanuel Carrère bekannt.

Das vorliegende Buch, das ich 2006 begann, dann verwarf und an dem ich schließlich von 2013 an wieder mehr oder weniger kontinuierlich schrieb, ist im Raum solcher Fremdheitserkundungen angesiedelt und kann für sich in Anspruch nehmen, den Begriff des »Autobiographischen Projekts« im Austausch mit Michel Leiris mit erfunden zu haben.

Beim Rückblick auf meine früheren kulturtheoretischen Studien, Biographien, Essays und Prosaarbeiten sowie auf die Herausgabe von Werkausgaben (vor allem von Fritz Morgenthaler, Victor Segalen und Michel Leiris) bestätigte es sich, wie sehr dieses Thema mein Lebensthema war, bis in die Titelgebung vieler Bücher hinein, zum Beispiel: *Die eigene und die fremde Kultur*, 1977 (der erste Band der Ethnologischen Schriften von Michel Leiris), oder *Die fremde Welt, das bin ich*, 1998 (meine Biographie über Leo Frobenius); vor allem aber *Das Fremde verstehen* (1982), *Inmitten der Fremde* (1992) und der 1996 erschienene Band *Erzählte Welt*. Einige dort entwickelte ethnopsychoanalytische und kulturanthropologische Beschreibungen und Deutungen wurden partiell im mittleren Teil des Buches wieder aufgegriffen. Sie erscheinen mir für unser heutiges Verständnis von Fremdheit und seiner Darstellbarkeit als unverzichtbar.

Mein Leben spielte sich zu einem Großteil in Begegnungen und im Austausch mit Künstlern, Schriftstellern, Ethnologen, Psychoanalytikern, Philosophen, Reisenden und Menschen außereuropäischer Kulturen ab. Wenn ich einige dieser Begegnungen und Geschichten hier verlebendige, dann war dies immer geleitet von dem Wunsch, ein vielgestaltiges Bild von den unterschiedlichsten Gesichtern der Fremdheit, ihrer Universalität und ihrer Singularität zu zeichnen. Ein ganz unerwarteter Effekt des erzählenden Tons, der durch die Geschichten in die Deutungen von Fremdheit in den Text gekommen war, bestand darin, dass mich die Passagen, die sich von der Erfahrung abgelöst hatten, dazu zwangen, auch sie mit Leben zu erfüllen.

Dabei galt es, sich nicht in den Sog eines Geschichten-Erzählens, *unabhängig* von dem engen Bezug zu dem leitenden Erkenntnisinteresse, hineinziehen zu lassen. Jede der Geschichten, die sich aus der Überfülle herauskristallisierten, erhält die Berechtigung, hier erzählt zu werden, aus der Überzeugung, dass ein Sprechen über Fremdheit ohne die Einbeziehung des Situativen, des Szenischen und des emotional Erfahrenen lebensfremd und letztlich gedankenfeindlich bleibt. Die Geschichten sollten sich dem Erzählfluss einordnen.

Dieser Maxime fielen sehr viele Geschichten zum Opfer, die mir eigentlich als unersetzlich für das Einkreisen des Phänomens der Fremdheit erschienen waren und die sich zum Beispiel den Begegnungen mit Hubert Fichte und Roger Willemsen verdankten oder den langjährigen Recherchen zu historisch gewordenen, prägenden Figuren wie Leo Frobenius, Claude Lévi-Strauss, Jacques Lacan, Georges-Arthur Goldschmidt oder E. M. Cioran.

Eine Geschichte von Fritz Morgenthaler und eine von Heike Behrend – die die Erfahrung einer allererst zu erwerbenden Anerkennung außerhalb der eigenen Kultur thematisieren – greife ich in diesem Buch gleich zu Beginn wieder auf, da sie von exemplarischer Bedeutung für die hier behandelte Problematik sind und auch einen Hinweis darauf geben, wie der individuelle Blick, der narrative Ton und die künstlerische Öffnung die wissenschaftliche Einstellung bereichern und mit strukturieren. Fritz Morgenthalers Bild »Tabu«, das er auch als exemplarisch für seine Arbeit als Ethnopsychoanalytiker ansah, steht folgerichtig dem Kapitel »Die vielen Gesichter der Fremdheit« voran.

Morgenthaler, Parin, Devereux und Leiris, Hubert Fichte und Roger Willemsen waren lange Zeit die mir wichtigsten Wegbegleiter im Labyrinth der Fremdheit. Sie hatten Wegmarken für die Verknüpfung des ethnologischen und des künstlerisch-literarischen Blicks entworfen und der bedeutsamen Rolle des Reisenden und des Erzählers für die Wissenschaft Kontur verliehen. Sie versäumten nie, sich in ihrer Individualität vorzustellen: »Look, I am a foreigner.«

Alle Ethnologen, deren Blick nicht akademisch einzelwissenschaftlich verengt war und die immer mit ihrer Erfahrungswelt und Leidenschaft für das Fremde verbunden blieben, öffneten sich anderen Darstellungsformen: der Literatur, der Kunst, der Musik und dem Film. Ich versäumte es nie, die Fremdheitserforscher, denen ich begegnete, nach ihrem augenblicklichen Wissenschaftsverständnis zu fragen. Meist antworteten sie, wenn sie im sechzigsten, siebzigsten Lebensjahr waren, sie würden ethnologische, vor allem aber ethnographische Studien nicht mehr lesen, außer wenn sie von Freunden verfasst worden seien. Beglücken konnte sie nur noch das Schreiben von Erzählungen und Romanen, und es erfüllte sie (zum Beispiel Hubert Fichte, Paul Parin oder Nigel Barley) mit Stolz, unter einen Text »Erzählung« oder »Roman« zu schreiben, selbst wenn dies zuweilen etwas zu hoch gegriffen war.

Von 1974 an lebte ich in einem kontinuierlichen Austausch mit denen, die in jenen Jahren die Ethnologie, vor allem auch die Psychoanalyse und Ethnopsychoanalyse, prägten. Begonnen hatte es mit der Vorbereitung auf eine erste Afrikareise: Die schon damals für ihre Forschungen und für ihr politisches Engagement berühmte »Praxisgemeinschaft Parin/ Morgenthaler am Utoquai« – von ihnen war 1963 *Die Weißen denken zuviel. Psychoanalytische Untersuchungen bei den Dogon in Westafrika* erschienen – lud mich nach Zürich ein. Von da an verankerte sich die Verknüpfung von Ethnologie und Psychoanalyse in mir als ein fester Bestandteil meiner Selbst- und Fremdwahrnehmung.

Sooft ich auch in den vergangenen mehr als vierzig Jahren die ethnopsychoanalytische Forschung verfolgte, wurde mir doch erst bei der Arbeit an diesem Buch bewusst, wie unverzichtbar der ethnopsychoanalytische *Blick* für das Verstehen, Deuten und Erzählen der gegenwärtigen gesellschaftlichen und politischen Verhältnisse ist und wie hilfreich dieser Blick ist für die Vertiefung und Ausgestaltung unseres Verhältnisses zum Fremden.

Dies ging so weit, dass ich über ein Jahr lang damit experimentierte, dieses Buch in Form eines langen Gedichts, einer Erzählung oder eines Romans, unter dem Titel »Der Tiefseetaucher«, zu schreiben. Unter diesem Namen sollte der Ethnopsychoanalytiker, der unter seiner akademischen Berufsbezeichnung ein gesellschaftliches und wissenschaftliches Randdasein führt, in den Vordergrund gerückt werden.

Dies lag für mich auch insofern nahe, als ich in Paul Parin, Goldy Parin-Matthèy und Fritz Morgenthaler einzigartige Vorbilder für einen Romanhelden sah. Nicht weniger geeignet für diese Rolle wären Claude Lévi-Strauss und Jacques Lacan (über die ich 1983 die Biographie *Sprachkörper* geschrieben hatte) und Georges Devereux gewesen, dessen weitgehend unbekanntes und erst später als epochal erkanntes Werk *Angst und Methode in den Verhaltenswissenschaften* ich sofort euphorisch besprochen hatte. Nachdem er mich daraufhin nach Paris eingeladen hatte, entstand in den sehr schnell freundschaftlich gewordenen Gesprächen die Idee, zusammen ein Magie-Seminar durchzuführen. Diese gemeinsame Lehrtätigkeit setzten wir Ende der 90er Jahre, allerdings unter dramatischen Umständen, an der Gesamthochschule Kassel fort: Devereux hatte sich am Telefon mit den Worten »Dir einen letzten Gruß ...« gemeldet. Er sah keine Möglichkeit, ohne Pensionsbezüge zu überleben. Man hatte sie ihm, nur weil ihm ein Monat Lehrtätigkeit fehlte, verweigert. Mir gelang es schließlich, den Philosophen Ulrich Sonnemann und den Rektor der Gesamthochschule dafür zu gewinnen, ihm in einer Blitzaktion eine Gastprofessur zu verleihen, die auch von der Pariser Hochschule anerkannt wurde.

Seit jener Zeit durchgehalten hatte sich der Wunsch, das Verstehen und das Erzählen der Fremdheit eng aneinanderzuknüpfen und im Text mit unterschiedlichen Blickwinkeln, mit Formen der Studie, des Essays, des Roman-Essays, der Erzählung und der Skizze zu experimentieren.

Edmond Jabès' *Ein Fremder mit einem kleinen Buch unterm Arm* und Nigel Barleys Bücher begleiteten mich auf mehreren Reisen und konturierten meinen Blick dafür, was es heißt, als Fremder wahrgenommen zu werden. Hieran schloss sich mit innerer Notwendigkeit eine mehr diskursive Auseinandersetzung mit Fremdheit, Angst, Vorurteil, Rassismus, Antisemitismus, Hass und mit der aktuellen Flüchtlingskrise, dem Terrorismus, dem Rechtsextremismus sowie die immer wieder neu ansetzende Erprobung des ethnopsychoanalytischen Blicks an.

Dem Buch steht als eine Art Leitmotiv die Zeile *Geschichte(n) der Fremdheit erzählend, das Verstehen im Blick* voran. Da für mich Beobachten, Verstehen und Deuten nie ablösbar waren von der Art ihrer Vermittlung und Darstellung, war die Reflexion der unterschiedlichen Erzählformen des Diversen stets in die Diskussion von Fremdheit eingewoben.

Die erwähnte Charakterisierung der Poesie als »Lehrerin der Menschheit«, in deren Schönheit »Wahrheit und Güte« verschwistert sind, ist in Hegels Handschrift überliefert. Aber auch Hölderlin und Schelling werden als Urheber erwogen. Stefan Weidner ist in seiner Studie *Fluchthelferin Poesie* darauf eingegangen.

Jede Passage dieses Buches ist durchdrungen von dem Gefühl, mit dem Thema der Fremdheit nicht »fertig« (im Sinne eines abschließbaren Projekts) zu werden, sosehr ich auch unbegangenes Terrain zu betreten anstrebe und dabei die Erfahrung mache, dass das Gefühl, mit der Fremdheit an kein Ende zu kommen, der einzige ihr angemessene Umgang ist.

Entscheidende Anstöße dazu, einen provisorischen Schlusspunkt unter das Projekt zu setzen und die deutende und die erzählende Vorgehensweise ganz eng miteinander zu verknüpfen, gaben 2015/2016 (in der Phase einer beginnenden Kooperation mit dem »Haus der Kulturen der Welt«) Bernd Scherer, Michael Krüger, Rüdiger Dammann und Gisela von

Wysocki. Von ihr und von Antje Kunstmann kam dann der entscheidende Rat, ich solle noch entschiedener *einen* Erzählton zur Entfaltung bringen. Vorbereitet wurde die Einübung des ethnologischen Blicks und des Erzählens in die Perspektivenvielfalt und Ästhetik des Diversen zum Teil seit den 1970er Jahren durch den freundschaftlichen Austausch mit Karl-Heinz Kohl, Hans Peter Duerr, Mark Münzel, Rolf Wintermeyer, Michael Oppitz, Henning Ritter, Constantin von Barloewen und Ulrike Ottinger. Tilman Göhler danke ich für die gestalterische Mitarbeit.

Vielleicht aber habe ich auch das emotional und geistig von mir so hoch besetzte Ausleben von Aufbruchsphantasien, meine grenzenlose Neugierde auf alle Erscheinungsformen der Fremdheit und auf die Ästhetik des Diversen einigen sehr frühen, besonders glücklichen und ganz unerwarteten Begegnungen zu verdanken.

Zu diesen frühen Begegnungen ab 1968 zählen vor allem die mit großen Theaterleuten, Schriftstellern, Künstlern und Philosophen. Hintergründig und lebensrettend begleitet haben mich seit jener Zeit Martin Heideggers Worte, die mir Hildegard Feick (zeitweise Martin Heideggers engste Vertraute und Verfasserin des Index zu *Sein und Zeit*) bei unserer ersten Begegnung in ihrem erlauchten Arbeitskreis zuspielte und die ich, der Schüler noch, etwas verwirrt wahrgenommen hatte: »Das Dasein ist die Möglichkeit des Freiseins *für* das eigenste Seinkönnen.« Als lebensrettend empfand ich diese Worte, weil sie mir einen Hinweis darauf gaben, dass es möglich ist, mich aus der Umklammerung des vom Krieg traumatisierten Onkels zu befreien.

Malerei auf einer Haut, Persien

LITERATUR

AHMAD, AEHAM: *Und die Vögel werden singen. Ich, der Pianist aus den Trümmern*, Frankfurt am Main 2017
ALEXANDER, ROBIN: *Die Getriebenen. Merkel und die Flüchtlingspolitik: Report aus dem Innern der Macht*, München 2017
ALEXIJEWITSCH, SWETLANA: *Tschernobyl. Eine Chronik der Zukunft*. Berlin 2006
ALEXIJEWITSCH, SWETLANA: »Die Belagerung Leningrads«. Manuskript
AUDEN, W. H.: *Das Zeitalter der Angst*, Wiesbaden 1947
BARLEY, NIGEL: *Die Raupenplage. Von einem, der auszog, Ethnologie zu betreiben*, Stuttgart 1989
BARLEY, NIGEL: *Traurige Insulaner. Als Ethnologe bei den Engländern*, Stuttgart 1993
BARLEY, NIGEL: *Hallo Mister Puttymann*, Stuttgart 1994
BARLEY, NIGEL: *Das letzte Paradies*. Roman, Stuttgart 2015
BAUMAN, ZYGMUNT: *Die Angst vor den anderen. Ein Essay über Migration und Panikmache*, Berlin 2016
BECK, DIETER: *Krankheit als Selbstheilung*, Frankfurt am Main 1985
BEHREND, HEIKE: *Die Zeit des Feuers. Mann und Frau bei den Tugen in Ostafrika*, Frankfurt am Main, New York 1985
BENSLAMA, FETHI: *Psychoanalyse des Islam. Oder wie der Islam die Psychoanalyse auf die Probe stellt*, Berlin 2017
BITTERLI, URS: *Die »Wilden« und die »Zivilisierten«. Grundzüge einer Geistes- und Kulturgeschichte der europäisch-überseeischen Begegnung*, München 1976

BOESCH, ERNST E.: »Psychologische Überlegungen zum Rassenvorurteil«, in: *Vorurteile. Ihre Erforschung und ihre Bekämpfung*, Frankfurt am Main 1967

BOHLEBER, WERNER: »Kollektive Phantasmen, Destruktivität und Terrorismus«, in: *Psyche* 56, 2002: 699-720

BOHLEBER, WERNER (Hrsg.): *Psyche. Heimat Fremdheit Migration*, Frankfurt am Main 2016

BOURDEAU, LOUIS: *L'Histoire et les historiens*, zitiert nach: Rancière (1994)

BUCH, HANS CHRISTOPH: Vorwort in: Isabelle Eberhardt 1983

CARRÈRE, EMMANUEL: *Ein russischer Roman*, Berlin 2017

CARRÈRE, EMMANUEL: *Brief an eine Zoowärterin aus Calais*, Berlin 2017

CHATWIN, BRUCE: *Traumpfade*, München 1990

CHATWIN, BRUCE: *Was mache ich hier*, München 1991

CHATWIN, BRUCE: *Der Traum des Ruhelosen*, München 1996

CLAUSSEN, DETLEV: *Der Antisemitismus als Alltagsreligion*, in: Frankfurter Rundschau vom 13.8.1991

DEVEREUX, GEORGES: *Angst und Methode in den Verhaltenswissenschaften*, Frankfurt am Main, Berlin, Wien 1976

EBERHARDT, ISABELLE: *Sandmeere 1 und 2. Tagwerke. Im heißen Schatten des Islam.* Vorwort: Hans Christoph Buch, Reinbek 1983

EMCKE, CAROLIN: *Gegen den Hass*, Frankfurt am Main 2016

ENGELHARDT, MARC: (Hrsg.): *Die Flüchtlings-Revolution. Wie die neue Völkerwanderung die ganze Welt verändert*, München 2016

ERDHEIM, MARIO: *Die gesellschaftliche Produktion von Unbewußtheit*, Frankfurt am Main 1982

ESPEDAL, TOMAS: *Wider die Natur (Die Notizbücher)*, Berlin 2015

FATAH, SHERKO: Gespräch mit Ilija Trojanow in der Reihe »Fremdheit. Flucht. Angst. Aufbruchsphantasie«. Literaturhaus Berlin 2.12.2016

FELDMANN, ROBERT E., GÜNTER H. SEIDLER, (Hrsg.): *Traum(a)*

Migration. Aktuelle Konzepte zur Therapie traumatisierter Flüchtlinge und Folteropfer, Gießen 2013

FICHTE, HUBERT: *Die Geschichte der Empfindlichkeit*, Frankfurt am Main 1987 ff. Zu weiteren bibliographischen Angaben vgl. Heinrichs 1991

FINKIELKRAUT, ALAIN: *Verlust der Menschlichkeit.* Stuttgart 1998

FREUD, SIGMUND: Zeitgemäßes über Krieg und Tod, in GWX, 1951

FROBENIUS, LEO: *Kulturgeschichte Afrikas,* Zürich 1933 (Wuppertal 1998)

GALLEGO, RUBEN G.: *Weiß auf Schwarz,* München 2004

GEERTZ, CLIFFORD: *Die künstlichen Wilden,* München 1990

GROSSMAN, DAVID: *Die Kraft zur Korrektur,* Frankfurt am Main 2008

HAMID, MOHSIN: *Es war einmal in einem anderen Leben. Eine Heimat zwischen Orient und Okzident,* Köln 2015

HASS, AMIRA: *Bericht aus Ramallah. Eine israelische Journalistin im Palästinensergebiet,* München 2004

HATZFELD, JEAN: *Nur das nackte Leben,* Gießen 2004

HATZFELD, JEAN: *Zeit der Macheten,* Gießen 2012

HATZFELD, JEAN: *La stratégie des antilopes,* Paris 2007

HEINRICHS, HANS-JÜRGEN: *Die gekränkte Supermacht. Amerika auf der Couch,* Düsseldorf und Zürich 2003

HEINRICHS, HANS-JÜRGEN: *Fritz Morgenthaler. Psychoanalytiker. Reisender. Maler. Jongleur,* Gießen 2005

HEINRICHS, HANS-JÜRGEN (Hrsg.): *Das Fremde verstehen,* Frankfurt am Main 1982 (1985, Gießen 2018)

HEINRICHS, HANS-JÜRGEN: *Die Djemma el-Fna geht durch mich hindurch. Oder wie sich Poesie, Ethnologie und Politik durchdringen,* Bielefeld 1991

HEINRICHS, HANS-JÜRGEN: *Inmitten der Fremde. Von In- und Ausländern,* Reinbek 1992a

HEINRICHS, HANS-JÜRGEN: *Ein Leben als Künstler und Ethnologe. Über Michel Leiris,* Frankfurt am Main 1992b (1981)

HEINRICHS, HANS-JÜRGEN: *Erzählte Welt. Lesarten der Wirklichkeit in Geschichte, Kunst und Wissenschaft*, Reinbek 1996
HEINRICHS, HANS-JÜRGEN: *Der Mensch hat eine Zukunft. Spielräume für Wissen und Bewusstsein im neuen Zeitalter*, Kreuzlingen/München 1999
INGOLD, FELIX PHILIPP: »Täter und Opfer im Raum der Gewalt. Zum Staatsterror der Stalin-Zeit«, in: *Merkur*, Heft 827, April 2018
JABÈS, EDMOND: *Ein Fremder mit einem kleinen Buch unterm Arm*, München 1993
JASPERS, KARL: *Die Schuldfrage*, Heidelberg 1949
KEPEL, GILLES (mit ANTOINE JARDIN): *Terror in Frankreich. Der neue Dschihad in Europa*, München, 2016
KEPEL, GILLES: *Der Bruch*, München, 2017
KERMANI, NAVID: *Einbruch der Wirklichkeit. Auf dem Flüchtlingstreck durch Europa*, München 2016
KERMANI, NAVID: *Entlang den Gräben. Eine Reise durch das östliche Europa bis nach Isfahan*, München 2018
KINGSLEY, PATRICK: *Die neue Odyssee. Eine Geschichte der europäischen Flüchtlingskrise*, München 2016
KNAUSGÅRD, KARL OVE: *Sterben, Lieben, Spielen, Leben, Träumen, Kämpfen*, 6 autobiographische Bände, München 2011 ff.
KOCHER, KLAUS: »Woher kommt der Hass? Erfahrungen mit psychoanalytischer Ausbildung im Irak und im Mittleren Osten«, in: *Psyche*, 11. Nov. 2015: 1071–1087
KOHL, KARL-HEINZ: *Abwehr und Verlangen. Zur Geschichte der Ethnologie*, Frankfurt am Main, New York 1987
KREUZER-HAUSTEIN, URSULA: »Geflüchtete und Traumata«, in: *Psyche*, Heft 3, März 2018
KRISTEVA, JULIA: *Fremde sind wir uns selbst*, Frankfurt am Main 1990
LEGGEWIE, CLAUS: *Multikulti*, Berlin 1990
LEIRIS, MICHEL: *Die eigene und die fremde Kultur*, Frankfurt am Main 1977

LEIRIS, MICHEL: *Das Auge des Ethnographen*, Frankfurt am Main 1978
LEIRIS, MICHEL: *Das Band am Hals der Olympia*, Frankfurt am Main/Paris 1983
Zu weiteren bibliographischen Angaben vgl. Heinrichs 1992b
LEVI, PRIMO: *Ist das ein Mensch?*, München 1994
LÜDERS, MICHAEL: *Wer den Wind sät. Was westliche Politik im Orient anrichtet*, München 2015
LUFT, STEFAN: *Die Flüchtlingskrise*, München 2016
MALL, VOLKER und PETER HENNINGSEN: *Gesundheitsprobleme bei Flüchtlingskindern und Jugendlichen*, Technische Universität München und Tagungsbericht München 2.–5. 9. 2015
MANSOUR, AHMAD: *Generation Allah. Warum wir im Kampf gegen religiösen Extremismus umdenken müssen*, Frankfurt am Main 2015
MESSNER, REINHOLD: *Wild oder Der letzte Trip auf Erden*, Frankfurt am Main 2017
MILLER, HENRY: »Hamlet Letters«, Auszug in: *Lettre*, Nr. 12 1979
MITSCHERLICH, ALEXANDER: »Zur Psychologie des Vorurteils«, in: *Vorurteile. Ihre Erforschung und ihre Bekämpfung*, Frankfurt am Main 1967
MOHSIN, HAMID: *Es war einmal in einem anderen Leben. Zwischen Orient und Okzident*, Köln 2015
MORGENTHALER, FRITZ: »Das Fremde verstehen«, in: Morgenthaler, Fritz/Weiss, Florence/Morgenthaler, Marco: *Gespräche am sterbenden Fluss*, Frankfurt am Main 1984
NADIG, MAYA: *Die verborgene Kultur der Frau*, Frankfurt am Main 1992
OLTMER, JOCHEN: *Globale Migration. Geschichte und Gegenwart*, München 2016
PARIN, PAUL: »Die Schweizer und die Fremden«, in: *Fremdenhaß*, Basel 1987
PARIN, PAUL/FRITZ MORGENTHALER und GOLDY PARIN-MAT-

THÈY: *Fürchte deinen Nächsten wie dich selbst*, Frankfurt am Main 1971

PAZZINI, KARL-JOSEF: »Flucht und Flüchten unter psychoanalytischer Perspektive«, in: *RISS*, 84, 2016/2: 36–47

PESKOW, WASSILI: *Die Vergessenen der Taiga. Die unglaubliche Geschichte einer sibirischen Familie jenseits der Zivilisation*, Hamburg 1994

PESSOA, FERNANDO: *Das Buch der Unruhe*, Zürich 1985

RABINYAN, DORIT: *Wir sehen uns am Meer*, Köln 2016

RANCIÈRE, JACQUES: *Die Namen der Geschichte. Versuch einer Poetik des Wissens*, Frankfurt am Main 1994

RAWLENCE, BEN: *Stadt der Verlorenen. Leben im größten Flüchtlingslager der Welt*, Zürich 2016

REICHMAYR, JOHANNES (Hrsg.): *Ethnopsychoanalyse revisited*, Gießen 2016

REIK, THEODOR: *Hören mit dem dritten Ohr*, Hamburg 1976

RESCHKE, ANJA (Hrsg.): *Und das ist erst der Anfang. Deutschland und die Flüchtlinge*, Reinbek 2015

ROES, MICHAEL: *Leeres Viertel. Rub' Al-Khali. Invention über das Spiel*, Frankfurt am Main 1996, Berlin 2010

RÓHEIM, GÉZA: *Psychoanalyse und Anthropologie*, Frankfurt am Main 1977

SACKS, OLIVER: *Dankbarkeit*, Reinbek 2015

SEGALEN, VICTOR: *Die Ästhetik des Diversen. Versuch über den Exotismus*, Frankfurt am Main und Paris 1983

SEGALEN, VICTOR: *Aufbruch in das Land der Wirklichkeit*, Frankfurt am Main und Paris 1984. (Für weitere bibliographische Angaben siehe: Jean Jamin: *Exotismus und Dichtung. Über Victor Segalen*, Frankfurt am Main und Paris 1982)

SLOTERDIJK, PETER: *Sphären*, 3 Bände, Frankfurt am Main 1998–2004

SOMERS, BART: *Zusammen leben. Meine Rezepte gegen Kriminalität und Terror*, München 2018
STEINER, GEORGE: *ERRATA*, München/Wien 1999
SZCZYPIORSKI, ANDRZEJ: »Das Ende aller Zivilisation«, in: *Die Zeit*, 24.3.1995
TCHICAYA U TAM'SI: *Böses Blut / Le Mauvais sang. Gedichte*. Herausgegeben von Hans-Jürgen Heinrichs, Aachen 1993
THER, PHILIPP: *Die Außenseiter. Flucht, Flüchtlinge und Integration im modernen Europa*, Berlin 2017
THICH NHAT HANH: *Nenne mich bei meinem Namen. Gesammelte Gedichte*, Berlin 1997
TROJANOW, ILIJA: *Der Weltensammler*, München 2006
TROJANOW, ILIJA: Gespräch mit Sherko Fatah. Siehe Fatah 2016
TROJANOW, ILIJA: *Nach der Flucht*, Frankfurt am Main 2017
VARVIN, SVERRE: »Unser Verhältnis zu Flüchtlingen: Zwischen Mitleid und Entmenschlichung«, in: *Psyche*, Heft 3, März 2018
WAHNICH, SOPHIE: *Freiheit oder Tod. Über Terror und Terrorismus*, Berlin 2016
WEBSTER, RICHARD: *Erben des Hasses*, München 1992
WEIDNER, STEFAN: *Fluchthelferin Poesie. Friedrich Rückert und der Orient*, Göttingen 2017
WEISS, FLORENCE: *Die dreisten Frauen. Ethnopsychoanalytische Gespräche in Papua-Neuguinea*, Frankfurt am Main und New York 1991
WIESEL, ELIE: *Die Angst vor dem Fremden*, taz, 8. Juni 1991 (Sonderausgabe)
WILLEMSEN, ROGER: *Deutschlandreise*, Frankfurt am Main 2002
WILLEMSEN, ROGER: *Gute Tage. Begegnungen mit Menschen und Orten*, Frankfurt am Main 2004
WILLEMSEN, ROGER: *Das Hohe Haus. Ein Jahr im Parlament*, Frankfurt am Main 2014

WOLFF, MICHAEL: *Feuer und Zorn. Im Weißen Haus von Donald Trump*, Reinbek 2018

WYSOCKI, GISELA VON: *Auf Schwarzmärkten. Prosagedichte. Fotografien*, Frankfurt am Main und Paris 1983

ABBILDUNGEN

Den Künstlern bin ich zu großem Dank verpflichtet.

Seite 8: Rebecca Horn, *Übermalung des Bildes »Drum Majorette«* (ca. 1948), 2004. Geschenk an Hans-Jürgen Heinrichs 7. 8. 2007. Unveröffentlicht.

Seite 14: Rebecca Horn, *ohne Titel*, 2005. Geschenk an Hans-Jürgen Heinrichs. Unveröffentlicht.

Seite 20: Fritz Morgenthaler, *Tabu*, Afrika 1965. Geschenk an Hans-Jürgen Heinrichs. Unveröffentlicht.

Seite 42: Günter Schulte, *ohne Titel*, ca. 1980. Geschenk an Hans-Jürgen Heinrichs. Unveröffentlicht.

Seite 54: Gregor Cürten, *Die Nacht vor der Ordnung*, 1983, mit freundlicher Genehmigung des Künstlers.

Seite 144: Rebecca Horn, *Thunder of dew between moon and sun*, Peking 2007. Geschenk an Hans-Jürgen Heinrichs. Unveröffentlicht.

Seite 158: Ulrike Ottinger, *Drei Bettler*, im Kontext von »Freak Orlando«, Berlin 1981. Copyright Ulrike Ottinger.

Seite 180–183: Die beiden ersten Abbildungen stellen Dogon in Mali bei einem Ritual dar. Aufgenommen wurden sie von den Mitgliedern der Dakar-Dschibouti-Expedition (1931–33), aufbewahrt in der »Collection Musée de l'Homme« (Copyright). Das dritte Foto, aus der Collection des Designers Raul Solis, wurde 2017 auf der New Yorker Fashion Week aufgenommen (Copyright AFP). Das vierte Foto zeigt mit (gegen Tränengas schützende) Gasmasken »verkleidete« Demonstranten gegen das Regime von Nicolás Maduro in Venezuela, April 2017 (Copyright AFP).

Seiten 209–224:
Anselm Kiefer, *Abendland*, 1989. Blei, Asche, Gips, Zement, Erde und Schellack auf Leinwand und Holz. Copyright Anselm Kiefer. Foto: Atelier Anselm Kiefer. Mit freundlicher Genehmigung des Malers.
Anselm Kiefer, *Streu deine Blumen Fremdling*, 2012. Öl, Emulsion, Acryl, Schellack auf Leinwand. Copyright Anselm Kiefer. Foto: Atelier Anselm Kiefer und Jörg von Bruchhausen. Mit freundlicher Genehmigung des Malers.
Anselm Kiefer, *Aperiatur terra (ohne Titel)*, 2006. Tonerde, Acryl, Emulsion, Schellack, Aluminiumoxid, Pflanze und Leinwand auf Schwarz-Weiß-Fotografie. Copyright Anselm Kiefer. Foto: Atelier Anselm Kiefer. Mit freundlicher Genehmigung des Malers.
Anselm Kiefer, *Jeder Mensch steht unter seiner Himmelskugel*, 1970. Aquarell, Gouache und Bleistift auf Papier. Copyright Anselm Kiefer. Foto: Atelier Anselm Kiefer. Mit freundlicher Genehmigung des Malers.
Ulrike Ottinger, *Teehaus zum Weitleuchtenden Schneekristall*, *Auf der Schneegrabenbrücke*, *Das verwandelte Paar*, *Tod im versunkenen Dorf*. Aus dem Kontext des Films »Unter Schnee«, 2011. Copyright Ulrike Ottinger. Mit freundlicher Genehmigung der Künstlerin.
Seite 234: *Malerei auf einer Haut*, Persien. Undatiert. Geschenk an Hans-Jürgen Heinrichs. Unveröffentlicht.

GROSSZITATE

Seite 23 Behrend (1984: 15f.)
Seite 41 Leiris (1983: 316)
Seite 57 Mohsin Hamid (2015: 42)
Seite 57–59 Barley (1989: 8f.)
Seite 73 Trojanow (2017: 25f.)
Seite 74 Trojanow (2017: 28f.)
Seite 147 Segalen (1984: 24ff.)
Seite 156 Buch (1983: 25)
Seite 166 Chatwin (1996: 99f.)
Seite 173 Kepel (2016: 135f.)
Seite 177f. Carrère (2017: 15f.)
Seite 195 Thich Nhat Hanh (1997: 14f.)